Mosaik
bei GOLDMANN

Buch

Dieser vergnügliche Ratgeber ist eine Einladung zu lustvollen Abenteuern zu zweit. Lou Paget macht Frauen zu perfekten Liebhaberinnen: Sie schildert, was Männern bei der Liebe besonders gefällt und wie sie ihm ein besonderes Vergnügen bereiten kann. Ohne Prüderie gewährt sie Einblick in die besten Sextechniken und erklärt viele kleine Tricks mit großer Wirkung. Das Buch weckt die Lust, einmal etwas anderes auszuprobieren und neue, prickelnde Gefühle zu erleben. Es bringt den Leserinnen Dinge bei, von denen *er* garantiert nie genug bekommt.

Autorin

Lou Paget ist Sex-Expertin und -beraterin. Seit 1993 veranstaltet sie Seminare zu den Themen Sexualität und Aids. Artikel über sie und ihre Arbeit sind bereits in großen Zeitschriften wie »Cosmopolitan« und »Playboy« erschienen.

LOU PAGET

Die perfekte Liebhaberin

Sextechniken,
die ihn verrückt machen

Aus dem Amerikanischen
von Beate Gorman

Mosaik
bei GOLDMANN

Umwelthinweis:
Alle bedruckten Materialien dieses Taschenbuches
sind chlorfrei und umweltschonend.

Deutsche Erstausgabe September 2000
© 2000 der deutschsprachigen Ausgabe
Wilhelm Goldmann Verlag, München
in der Verlagsgruppe Bertelsmann GmbH
© 1999 Lou Paget
Originaltitel: How to Be a Great Lover
Originalverlag: Broadway Books, New York
Umschlaggestaltung: Design Team München
unter Verwendung folgender Fotos:
G+J Fotoservice, Wartenberg
Redaktion: Dagmar Rosenberger
Satz/DTP: Martin Strohkendl
Druck: Elsnerdruck, Berlin
Verlagsnummer: 16263
Kö · Herstellung: Max Widmaier
Made in Germany
ISBN 3-442-16263-7
www.goldmann-verlag.de

5 7 9 10 8 6

Inhalt

1. Das KamaLoutra.   9
Wie es zu meinen Seminaren
über Sexualität kam   9

2. Über das Schlafzimmer hinaus 29
Eine sinnliche Umgebung schaffen 29
Schlechtes Timing – gekränkte Gefühle 29
Das Feuer der Leidenschaft neu entfachen. 34
Körperliche Wonnen. 40
Sich einfach schön fühlen 43
Die richtige Atmosphäre. 45
Die Magie der Beleuchtung. 46

3. Die Kunst des Küssens 51
*Ein Kuss ist *nie* nur ein Kuss.* 51
Die Geschichte des Küssens 53
Ein prickelndes Gefühl 55
Lippen sind nicht nur zum Küssen da 57
Im Einklang 59
Zeigen Sie ihm, wie Sie es mögen 60
Küssen Sie ihn, dass es ihm den Atem verschlägt 61
Der Wirbel 63
Die Feinheiten des Küssens. 66

4. Sicherheit ist wichtig (und sinnlich) 69
Die Zerstörung des Mythos 69
Die Fakten über sexuell übertragbare
   Krankheiten. 72
Die Krankheiten 75
HIV und AIDS – kein Ende in Sicht. 82
Kondom-Manie. 86
Die italienische Methode 90

5. Gleitmittel oder kein Gleitmittel?. 99
Das ist *keine* Frage 99
Das richtige Gleitmittel für Sie. 101
Der Spaß beim Auftragen. 104

6. Legen Sie Hand an ihn 109
Die Kunst der manuellen Stimulation. 109
Das Vorspiel ist die Hauptsache. 109
Techniken mit den Händen. 115

7. Bringen Sie ihn um den Verstand 151
Anleitungen für lustvollen oralen Sex. 151
Das größte Geschenk – oraler Sex 151
Die einzelnen Schritte 159

8. Bis zum Äußersten gehen 175
Nur für Abenteuerlustige in Sachen Sex. 175
Falsche Vorstellungen von der »Hintertür« 175
Die drei Juwelen 178
Massage des männlichen G-Punkts
   oder Prostatamassage 180
Externe G-Punkt-Massage 181
Interne G-Punkt-Massage. 183
Analingus 185

9. Endlich zusammen kommen 189
Die Magie des Geschlechtsverkehrs 189
Der weibliche Orgasmus 191
Die Geheimnisse der Sicherheit 198
Stellungen 199
Übungen für die Scheide:
  Damit es sich schön eng anfühlt 215

10. Perlen und andere erotische Spielsachen 221
Entdecken Sie den Spaß an Spielzeug 221
Was ist erotisches Spielzeug? 221
Schätze aus der Spielzeugkiste für Erwachsene 226
Pflege und Reinigung des Spielzeugs 238
Für ganz Verspielte 239
Wo bekomme ich die Spielsachen? 240

Ein Wort zum Schluss 241

Anhang 243
Lob für Lou Pagets tolle Techniken 243
Für Bryan Thalheimer 245
Danksagung 247
Register 249

1. Kapitel

Das KamaLoutra

Wie es zu meinen Seminaren über Sexualität kam

*»Die Behauptung: ›Wenn du zu erfahren bist
oder zu viel weißt, bist du eine Nutte‹,
hat für mich keine Gültigkeit mehr.
Mir ist klar geworden, dass dies der Wahrheit
absolut nicht entspricht. Sich seiner Sexualität
und seines Ichs bewusst zu sein, ist gleichbedeutend
mit Selbstbestimmung.«
Seminarteilnehmerin,
Autorin/Produzentin, 39 Jahre alt*

Im Konferenzraum eines eleganten Privatclubs haben sich zehn bis fünfzehn Frauen im Alter von zwanzig bis Mitte fünfzig um einen Tisch versammelt. Der Tisch ist mit Silberbesteck und Leinenservietten gedeckt und mit frischen Blumen dekoriert. Es ist abends, und das gedämpfte Licht lässt eine erwartungsvolle Stimmung aufkommen.

»Meine Damen, dies ist eine der vielen Entscheidungen, die Sie heute Abend treffen müssen.« Ich stehe am Kopfende des langen, rechteckigen Mahagonitisches.

Einige Frauen tragen Designerkostüme, andere legere Freizeitkleidung, und wieder andere haben sich für den Downtown-Hip-Look entschieden. Die Frauen starren stumm auf die Mitte des Tisches, wo ich eine Auswahl von »Übungsgegenständen« ausgebreitet habe, die allgemein als »Dildos« bezeichnet werden.

»Ohne zu viel Rücksicht auf politische Korrektheit zu nehmen, wählen Sie bitte die gewünschte Farbe – weiß, schwarz oder kakaobraun – und die bevorzugte Größe – 20, 17, 15 oder das allseits beliebte 12 Zentimeter lange Executive-Modell.«

Ich höre ein paar unterdrückte Lacher und lächle die Neulinge an. »Meine Damen, bitte wählen Sie jetzt einen Übungsgegenstand aus.«

Eine große, schlanke Teilnehmerin Mitte vierzig sagt: »Muss ich das nehmen, was ich als Original zu Hause habe?«

Lautes Gelächter. Die Frauen schauen sich an – sie können die Komik der Situation kaum fassen. Nachdem ich nun schon seit fast sechs Jahren in den USA und Kanada Seminare über Sexualität durchführe, weiß ich, dass dies der Augenblick ist, in dem das Eis gebrochen ist: Die Frauen, die mehr über Sex erfahren und vor allem lernen wollen, wie sie zu einer besseren Liebhaberin werden können, entspannen sich langsam.

Die perfekte Liebhaberin ist die Zusammenfassung und Erweiterung dieser Seminare und enthält nicht nur die Dinge, die ich durch meine Forschungsarbeit gelernt habe, sondern auch das, was ich von den vielen Teilnehmerinnen meiner Seminare erfahren habe. In diesem Buch werden Sie immer wieder ihre »Stimme« (und die ihrer Männer) »hören«, während sie – von Frau zu Frau – ihre Geheimnisse verraten. So erklärte eine 55-jährige Hausfrau aus Seattle: »Ich habe festgestellt, dass Neues in Sachen Sex nicht nur etwas für die Generation meiner Kinder ist. Nach dem Tod meines Mannes habe ich neue Bekanntschaften geschlossen, und in meinem Alter MUSS ich einfach etwas über Safer Sex wissen.«

Ich möchte Ihnen deutlich machen, in welchem *Geist* dieses

Buch geschrieben wurde. Es war nie meine Absicht, mich hinzusetzen und in einem Buch zu beschreiben, wie man einem Mann Vergnügen bereitet. Natürlich werden die hier gebotenen Informationen hauptsächlich dem Mann in Ihrem Leben zugute kommen, doch mir geht es um drei Dinge: Sie in Ihrem Frausein zu bestärken, die Intimität Ihrer Liebesbeziehung zu erhöhen, und Ihnen und Ihrem Partner die Möglichkeit zu geben, Sex auf ganz neue Art zu genießen.

Obwohl wir von Natur aus wissen, worum es im Prinzip beim Geschlechtsverkehr geht, macht uns das nicht unbedingt zu großartigen Liebhaberinnen. Das werden wir erst. Ich war jedoch schon immer der Meinung, dass man alles, was man auch tut, gut machen sollte. Finden Sie nicht auch, dass man Dinge, die man gut macht, viel mehr genießt? Beim Sex ist das nicht anders. Er sollte keine mechanische Handlung sein, sondern eine Erfahrung, die man von Anfang bis Ende genießt. Damit Ihnen das gelingt, müssen Sie wissen, was Sie tun.

Außerdem bin ich der Ansicht, dass jede Frau das Recht auf sexuelles Wissen hat. Sie werden feststellen, dass die Erkenntnis darüber, was man mit dem männlichen Körper anfangen kann, nicht nur Vergnügen, sondern auch Macht verleihen kann. Im Gegensatz zu dem, was man uns in der Vergangenheit weismachen wollte, hat es nichts Undamenhaftes an sich, Herrin des Schlafzimmers zu sein. Sexuelles Können ist genauso Teil des Frauseins wie die Mutterschaft, und zu lernen, wie man zur perfekten Liebhaberin wird, lässt uns in allen Bereichen des Frauseins erfolgreicher sein.

Aus diesen Gründen und weil ich von den Teilnehmerinnen meiner Seminare darum gebeten wurde, habe ich beschlossen, ein Buch zu schreiben, das Frauen die Kunst des Sex lehrt, und ich hoffe, dass ich Ihnen anregende Ideen vermitteln kann, um Ihrem Partner Vergnügen zu bereiten, das seine wildesten Erwartungen übertrifft.

Wahrscheinlich haben alle die ersten Dinge in Sachen Sex in der Gesellschaft von Freundinnen gelernt, in deren Kreis wir sicherlich auch darüber *gelacht* haben. Die meisten erinnern sich bestimmt noch lebhaft daran, wie peinlich es war, als unsere Mütter sich abmühten, uns die Tatsachen des Lebens zu vermitteln, oder wie wir versucht haben, uns im Aufklärungsunterricht möglichst unauffällig zu verhalten, damit uns die Lehrerin nicht auffordern würde, vor der ganzen Klasse einen Vortrag zu halten. Gleichzeitig erinnern wir uns an wunderbare Wochenenden, an denen wir im Schlafanzug in einem Kreis von fünf oder sechs Freundinnen gespannt zuhörten, wenn die Mädchen mit älteren Schwestern von erstaunlichen Dingen berichteten, die sie durchs Schlüsselloch beobachtet hatten. Diese Geschichten waren wie das Evangelium für uns und glaubhafter als die Worte von Müttern oder Lehrern. Wir haben gekichert und schockiert getan, aber insgeheim konnten wir es kaum abwarten, Sex selbst zu erleben. Damals schien uns Sex wie ein fantastisches, aufregendes Abenteuer.

Als wir Jahre später endlich bereit waren, unser aufregendes Abenteuer auszuleben, wussten wir kaum mehr als die Dinge, die uns von den längst verloren gegangenen Geschichten jener älteren Schwestern noch im Gedächtnis geblieben waren. Wahrscheinlich war uns der Gedanke, Sex zu *erleben,* nicht mehr ganz so fremd, aber wir wussten im Grunde immer noch nicht, was wir tun sollten.

Erschwert wurde das Ganze noch durch das Gefühl, dass wir auch nirgendwo erfahren konnten, *wie* man es macht, einmal ganz davon abgesehen, wie man es *gut* macht. Weder Mütter noch Lehrer hatten bei ihren Versuchen zur Sexualerziehung irgendwelche Anweisungen gegeben. Unseren Müttern können wir im Grunde keine Schuld geben: Wenn sie tatsächlich etwas über die Techniken wussten, war es ihnen *viel* zu peinlich, ihr Wissen an die Tochter weiterzugeben. Und ein Lehrer, der im Unterricht sexuelle Techniken angesprochen hätte, wäre seinen Job sicher bald los gewesen.

War es für uns schon als junge Frauen schwierig, über Sex zu reden, so wurde es mit zunehmendem Alter noch schwieriger. Als junge Frau nicht zu wissen, was man im sexuellen Bereich tun kann, ist unangenehm und bisweilen peinlich, aber es ist nicht mit der Unzulänglichkeit zu vergleichen, die man empfindet, wenn man in einem Alter, in dem man es eigentlich *wissen* sollte, Fragen zu diesem Thema stellen muss.

Genau wie mir war es vielen anderen Frauen immer peinlich, mehr über Sex wissen oder die eigenen Fertigkeiten auf diesem Gebiet verbessern zu wollen, ja, manche schämen sich deshalb sogar. Denn welche Dame möchte schon gut im Bett sein? Oder anders ausgedrückt: wie kann sie *zugeben*, dass sie gut im Bett sein möchte, und dabei gleichzeitig eine Dame bleiben? Für mich ist dieses Dilemma auf meine Erziehung zurückzuführen: Über Sex spricht man nicht, man stellt keine Fragen, und sexuelle Aktivitäten sind völlig tabu. Wie konnte ich unter diesen Voraussetzungen also etwas über Sex lernen? Männer konnten sich durch Erfahrung zum perfekten Liebhaber entwickeln. Tatsächlich wurde dies von ihnen sogar erwartet. Wenn *Frauen* jedoch über die entsprechenden Erfahrungen verfügten, spiegelte sich dieses gleich in einem schlechten Ruf wider. Dabei handelt es sich um eine Doppelfalle: Einerseits gibt es die Moralvorstellung, dass man darüber keine Fragen stellen sollte, weil »es« schlecht ist, während andererseits gelehrt wird, dass Sex eine Form der Manipulation ist, mit der man seinen Mann kontrollieren kann.

Keine der beiden Möglichkeiten hat für mich je Sinn ergeben. Ich wünschte mir den goldenen Mittelweg: praktische, wirklichkeitsnahe Informationen, die es mir ermöglichen würden, mich mit meiner Sexualität wohl zu fühlen. Ich glaubte, dass Sex Ausdruck und Feier meiner Gefühle sein sollte; und alles, was *ich* mir wünschte, war brillanter Sex mit dem einen Mann meiner Wahl. Das schien mir eigentlich keine zu große Erwartung zu sein.

Wohin wenden wir uns Frauen *im Allgemeinen,* um sexuelles Können zu entwickeln? Eine Steuerberaterin aus Chicago meinte: »Bei den meisten von uns ist unser sexuelles Können nur so gut wie das unseres besten Liebhabers – und den haben wir wahrscheinlich seit der Schulzeit nicht mehr gesehen.«

Oft sind Männer bereits sexuell aktiv, während junge Mädchen noch abwarten, und wir verlassen uns darauf, dass sie uns zeigen, wo's lang geht. Leider ist Sexunterricht aber meistens das Letzte, an das sie denken. Sie gehen stattdessen schnurstracks auf den Orgasmus zu. Und wenn der schon nicht zu erreichen ist, möchten sie ihm zumindest möglichst nahe kommen. Junge Männer wollen sehen, wie weit sie bei Frauen gehen dürfen. Sie wissen möglicherweise, wie es geht, aber nicht unbedingt, wie man es *gut* macht. Ideal ist daher eine feste Beziehung, in der wir uns (endlich) wohl genug fühlen, um Fragen zu stellen und zu experimentieren, und dabei am meisten lernen.

Ein anderer Weg zu sexuellem Wissen besteht darin, Sex an möglichst vielen verschiedenen Männerkörpern zu üben und dabei durch Ausprobieren ein gewisses Selbstbewusstsein in Sachen Sex zu erlangen. Ich glaube jedoch, dass dies bei unserem heutigen Wissensstand über sexuell übertragbare Krankheiten keine kluge Entscheidung ist. Das Risiko, an AIDS zu erkranken oder sich dabei andere Krankheiten zuzuziehen, ist einfach zu groß. Wahrscheinlich wollen die meisten Frauen auch gar nicht mit vielen verschiedenen Männern intim werden, und für Frauen, die in einer festen Beziehung leben, ist dies sowieso keine Alternative.

Als ich beschloss, mehr über Sex zu erfahren, begab ich mich auf die Suche nach einer Quelle, die mir helfen würde, die entsprechenden Fähigkeiten zu erlernen, genau wie ich es in anderen Bereichen meines Lebens getan hatte. Wie ich bereits erwähnt habe, glaube ich fest daran, dass man *all die Dinge*, die man regelmäßig tut, auch gut machen sollte. Und von all den Dingen, die eine Frau besonders gut machen will, schien mir die intime Liebe zu einem Mann eine natürliche Priorität. Damals stand ich kurz vor meiner ersten richtigen Liebesbeziehung mit einem Mann, mit dem ich für immer zusammen sein würde, wie ich hoffte (daraus ist zwar nichts geworden, aber das ist eine ganz andere Geschichte). Mit natürlicher Neugier ausgestattet, begab ich mich also fest entschlossen auf die Suche nach zuverlässigen Informationen über Sex, die mir sinnvoll erscheinen und meine Wertvorstellungen nicht verletzen würden. Als Erstes wählte ich zu diesem Zweck Bücher aus, und wegen seines erotischen Rufs war das erste das *Kamasutra*.

Das *Kamasutra* gilt als eine der ältesten und maßgeblichen schriftlichen Quellen zu sexuellen Techniken und Liebeslust und wurde ursprünglich im vierten Jahrhundert nach Christus verfasst. Es wurde von einem Brahmanen und Religionsgelehrten namens Vatsyayana zusammengestellt, der sein Material in Lehrbüchern sammelte, die auf das vierte Jahrhundert vor Christus zurückgehen. Seitdem wurde das Werk mehrmals aktualisiert und ergänzt und in viele Sprachen übersetzt. Das *Kamasutra* war mir seit Jahren ein Begriff, und es erweckte in meiner Vorstellung immer eine Vision sinnlicher Erotik. Als ich das Buch schließlich aufschlug und zu lesen begann, war ich aus zwei Gründen überrascht. Der erste Aspekt dieses faszinierenden und umfangreichen Werks, der mich schockierte, war die freizügige Einstellung zur Sexualität im alten Indien. Die Darstellung des Liebesakts zwischen Männern und Frauen in diesem Buch warf bei mir die Frage auf, warum und wie Sex in der modernen Geschichte je zu dem Tabuthema werden konnte, das es oft ist. Außerdem befasst sich das *Kamasutra* offen und unerschrocken mit Themen wie Liebesaffären, Ehe, Ehebruch, Bigamie, Gruppensex, Prostitution, Sadomasochismus, männlicher und weiblicher Homosexualität und Transvestismus.

Der zweite Aspekt, der mir beim Lesen auffiel, war die Tatsache, wie nutzlos diese Anleitungen für die Frau von heute sind. Damit will ich nicht sagen, dass das Buch nicht faszinierend wäre, denn das ist es auf jeden Fall. Es ist zudem sehr unterhaltsam, und es bietet eine wunderbar detaillierte Darstellung der alten indischen Kultur. Doch statt seinem Ruf als Handbuch für sexuelle Techniken für beide Geschlechter gerecht zu werden, ist es eher ein Handbuch zur Sexualerziehung für pubertäre Jungen und junge Männer im Indien des vierzehnten Jahrhunderts. Das *Kamasutra* beschreibt die drei damals aktuellen Ziele im Leben eines Mannes (Tugend, Reichtum, Liebe) und wie sie durch die Kunst der Erotik erreicht werden können. So beschreibt das Buch beispielsweise das Verhalten eines wohlerzogenen Bürgers (er muss regelmäßig baden und in seinem Zimmer ein *separates* Bett für Prostituierte haben), und es erklärt die feine Kunst, ein Mädchen zu verführen (einschließlich Anweisungen dazu, wie man seinen Rücken und seinen Kopf kratzt, zärtlich beißt und anpustet). Das Buch bietet sogar Ratschläge und die richtige Etikette für besonders delikate Situationen wie beispielsweise den Umgang mit mehr als einer Ehefrau und die Verführung der Ehefrauen *anderer* Männer.

Die im *Kamasutra* dargestellte indische Kultur legte großen Wert auf sexuellen Ausdruck und Erfüllung. Erotisches Vergnügen galt als göttlich, und der Wunsch, Genuss zu schenken, war genauso wichtig, wie Vergnügen zu empfangen. Dennoch hat das Buch eine eindeutig männliche Perspektive. Obwohl den Techniken, mit denen einer Frau Lust bereitet werden kann, viel Aufmerksamkeit geschenkt wird, ist offensichtlich, dass die hier weitergegebenen Informationen eher auf Beobachtung als auf Gesprächen zwischen den Partnern beruhen. Es ist unwahrscheinlich, dass die Frauen damals tatsächlich gefragt wurden, was sie nun in diesen göttlichen Zustand versetzt. Ich möchte Ihnen ein Beispiel geben. Teil zwei des *Kamasutra* widmet sich »amourösen Avancen«. Dies ist ein Ausschnitt aus dem Kapitel über Umarmungen:

> *»Auf seiner Seite liegend, lässt er sein bestes Glied auf ihr wie auf einer Zuchtstute ruhen, oder er liegt auf ihr, wobei der Teil seines Körpers unterhalb des Nabels auf der Scham des Mädchens ruht, und er presst sein Instrument an seinen Körper, ohne in es einzudringen. In diesem Augenblick öffnet sich das Geschlecht des Mädchens, übererregt, speziell wenn es ein großes Organ hat. Die Lenden fest gegen die Scham des Mädchens stoßend, packt er es bei den Haaren und hockt über ihm, um es zu kratzen, zu beißen und zu schlagen.«*

Hört sich das für Sie sehr vergnüglich und lustvoll an? Selbst wenn man hin und wieder nichts gegen ein wenig Grobheit beim Liebesspiel einzuwenden hat oder sich gerne mal den Po versohlen lässt, würde es mir nicht gerade gefallen, wie eine Zuchtstute fest gehalten und gekratzt, gebissen und geschlagen zu werden. Dennoch glaube ich, dass man den Frauen damals in Indien im Gegensatz zu heute mit mehr Respekt begegnete, obwohl sie wahrscheinlich missverstanden wurden. Trotz dieser Behandlung wurden Frauen in Vatsyayanas ursprünglicher Version des *Kamasutra* hoch geschätzt. Das Buch weist eindeutig darauf hin, dass es aus der Sichtweise des Mannes als Ehre galt, von einer Frau begehrt zu werden, und die Verführung einer Frau galt als Form der Kunst. Doch die Kunst ist und war schon immer ein subjektives Phänomen, wie wir alle wissen, und die Perspektive des Mannes ist für die Frau nicht unbedingt gleichbedeutend mit Vergnügen.

Ich wollte Ihnen mit diesem Auszug aus dem *Kamasutra* zeigen, wie leicht es ist, im Bereich Sexualtechnik irrelevante Informationen zu erhalten. Ich lernte zwar viel über die indische Kultur im vierzehnten Jahrhundert und erhielt einige sehr interessante Tipps zu sexuellen Positionen, aber insgesamt entsprach das Buch nicht meinen Erwartungen und enthielt nicht die Informationen, die ich brauchte. Und so setzte ich meine Suche nach praktischem sexuellen Wissen fort.

Geheimtipp aus Lous Archiv

Wie Frauen bestimmte männliche Merkmale messen können: 1) der Abstand von seiner Zeigefingerspitze zum unteren Ende seiner Handfläche entspricht der Länge seines erigierten Penis, 2) je länger oder breiter der Mond seines Daumennagels ist, desto länger oder breiter ist sein Penis. Eine Seminarteilnehmerin meinte dazu: »Jetzt wird die Fahrt im Bus viel interessanter!«

Bald stieß ich auf andere Bücher, in denen ich einigermaßen nützliche Informationen fand. Ich wollte wissen, was Männer am aufregendsten fanden, und warum und – was vielleicht noch wichtiger war – welche Techniken als erfolgreich galten. Außerdem suchte ich nach leicht verständlichen Erklärungen, die mir genau zeigten, wie bestimmte Liebesakte durchgeführt wurden. Was machten Liebende mit ihren Daumen? Mit der Zunge? Was taten sie überhaupt? In Buchhandlungen und Büchereien fand ich zumeist nur dicke Bände zur Sexualgeschichte mit Bildern oder Zeichnungen von Männern und Frauen in Positionen, die unnatürlich, unbequem und mir völlig ungeeignet schienen. Obwohl ich den Anweisungen hätte folgen können, war ich mir sicher, dass einer oder beide Partner bald einen Krampf haben statt sexuelle Lust empfinden würden.

Aus Gründen der Fairness muss ich jedoch sagen, dass es ein paar helle Lichter am Horizont gab. Bücher wie *The Sensuous Woman* von »J«, *The Happy Hooker* von Xaviera Hollander und Alex Comforts *The Joy of Sex* präsentierten Informationen auf eine Art, die mir gefiel – so, als sei sexuelle Interaktion und der Wunsch, dabei gut zu sein, für alle Menschen etwas ganz Natürliches. In diesen Büchern schienen die abgebildeten Körper zu normalen Menschen zu gehören, und die sexuellen Szenarien waren ebenfalls realistischer und fanden nicht in irgendeinem Land der Fantasie statt. Außerdem lernte ich etwas dabei: Bevor ich *The Sensuous Woman* las, hatte ich noch nie etwas von oralem Sex gehört!

Obwohl ich alle drei Bücher gerne las, hatte ich dabei irgendwie das Gefühl, bei abgeschaltetem Ton fernzusehen: Die Bilder waren hilfreich, aber die Bücher enthielten nicht genug spezifische Details, wie ich diese Resultate in meinem eigenen Schlafzimmer erreichen konnte.

Als Nächstes suchte ich praktischen Rat im Kino. Hollywood leistete mit einigen Szenen in Filmen für Erwachsene zwar gute Arbeit, wenn es um Ideen ging, wie man eine sinnliche Atmosphäre schafft, doch bei den eigentlichen Sexszenen zeigen die Regisseure nur leuchtende Augen, gefolgt von zwei Menschen, die nach vollbrachtem Akt strahlen, ohne irgendeinen Hinweis, wie dieses Strahlen auf ihr Gesicht gezaubert wurde. Wenn der Film zu Ende war, frustrierte mich schon allein der Gedanke, dass die Schauspieler über mehr Informationen verfügten als ich. Die Tatsache, dass diese Männer und Frauen nur schauspielerten, trug wenig dazu bei, meinen Durst nach ihrem Wissen zu stillen, egal, ob es nun real oder imaginär war.

Auf meiner Suche nach sexuellem Wissen wandte ich mich nun der Pornografie zu. Es ist ein Milliardengeschäft, und die Mehrzahl der Verbraucher sind Männer. Daher sind Pornofilme ein geeigneter Forschungsgegenstand, um zu erfahren, was Männer sexuell erregt. Und ich muss sagen, dass man in Pornofilmen tatsächlich etwas zu *sehen* bekommt. Anders als in normalen Kinofilmen garantiert ein Pornofilm, dass alle Aktivitäten *auf* der Bettdecke stattfinden und nicht darunter. Doch nachdem ich mir einige Filme angesehen hatte, bekam ich das Gefühl, dass sie alle irgendwie gleich waren, was mich langweilte und gleichzeitig enttäuschte.

Die Art und Weise, wie Frauen in den meisten Filmen dargestellt wurden, stieß mich ab. Nicht das, was sie *taten,* störte mich, denn im Grunde erwartete ich, sexuelle Akte in den verschiedensten Stellungen zu sehen und eine Sprache zu hören, die nicht meinem Alltagswortschatz entsprach. Meiner Meinung nach können sich zwei Erwachsene durchaus wildem Sex hingeben, wenn beide damit einverstanden sind. Ich war vielmehr enttäuscht über das Fehlen eines romantischen, liebevollen, einfühlsamen und respektvollen Verhaltens zwischen den Männern und Frauen in diesen Filmen.

Bei Sex in Pornofilmen geht es nur um die körperliche Leistung, während eine Verbindung der Seelen keine Rolle spielt. Die Männer und Frauen verfügen kaum über eine eigene Persönlichkeit. Bei meiner Suche nach sexueller Kunstfertigkeit und Anziehungskraft hatte ich eine völlig offene Einstellung, aber gleichzeitig weigerte ich mich, zu einer reinen Technikerin zu werden. Außerdem wollte ich meinen Körper oder meinen Partner nicht mit anderen Menschen teilen, da dabei jegliche sexuelle Intimität auf der Strecke bleiben würde.

Für mich gibt es bei der Nutzung von Pornofilmen als Lehrmaterial mindestens zwei Probleme: Die Tatsache, dass Frauen zum Objekt werden, zerstört jedes Gefühl von Intimität, nach dem die meisten Menschen in sexuellen Begegnungen suchen; und zweitens stellen Pornofilme nur die männliche Sichtweise dar und zeigen, was Männer visuell erregt. Leider haben die Filmemacher vergessen, fünfzig Prozent der Beteiligten zu befragen – uns Frauen nämlich.

Wenn ich Männer gefragt habe, was Pornofilme ihnen bringen, antworteten sie, dass sie durch sie erregt werden oder dass sie nach Ideen für Positionen suchen. Ein Werbeproduzent erklärte, dass er beim Anschauen von Pornofilmen Vergleiche mit der eigenen Leistung anstelle. Doch für uns Frauen sind Pornofilme als Richtschnur für unsere Vorlieben bestenfalls zu ungenau und schlimmstenfalls absurd.

Bei meiner Suche nach einer nützlichen und angemessenen Informationsquelle in Sachen Sex war ich also immer noch nicht viel weiter gekommen. Ich wollte wirklich gut im Bett sein, aber dabei meine persönlichen Wertvorstellungen nicht aufs Spiel setzen. Ich hatte keine Informationen gefunden, die einer ganz normalen Frau dienen konnten, die lernen wollte, wie sie ihre Liebe zu einem Mann auf körperliche Art ausdrücken kann.

Ich muss gestehen, dass die Beziehung zu dem Mann, den ich für immer zu lieben gehofft hatte, inzwischen in die Brüche gegangen war, aber ich war optimistisch und glaubte daran, dass ich *irgendwann* in meinem Leben eine neue Liebe finden würde. Und ich wollte darauf vorbereitet sein. Als ich schließlich nicht mehr weiter wusste, beschloss ich, eine persönliche Informationsquelle zu nutzen, und hier kommt mein Freund Bryan ins Spiel. Mit ihm konnte ich über alles reden, und da er schwul war, war dies für uns beide mit keinerlei Gefahr verbunden. Er würde mich nicht mit lüsternen Blicken ausziehen und mir das Wesentliche persönlich beibringen wollen. Er verstand mein Problem und wollte mir die notwendigen Ratschläge geben.

Bei mehreren Tassen Kaffee, die wir bei ihm zu Hause tranken, fragte Bryan mich, was ich wissen wollte und warum ich nicht meinen Freund gefragt hatte, was *er* sich im Bett wünschte. Ich erwiderte: »Bryan, wie kann man nach einer Sache fragen, wenn man nicht einmal weiß, was man darüber wissen muss?« Ich erklärte, dass ich mit meinem Wissen in Sachen Geschlechtsverkehr ganz zufrieden war, aber mehr Informationen über die *anderen* Dinge brauchte, die Männer sich wünschten. Ich wusste, dass ich mit mehr Wissen über orale und manuelle Techniken meine Liebe kreativer würde ausdrücken können.

Bryan lachte nicht und machte sich nicht über mich lustig. Er sagte nur: »Dann solltest du eins wissen: Für mich ist der Schlüssel für tollen Sex das Vorspiel.« Er erklärte, dass der eigentliche Geschlechtsverkehr beim Liebesspiel nur die Spitze des Eisbergs ist, während das Vorspiel die Grundlage für wunderbaren Sex bildet. Dadurch unterscheiden sich große Liebhaber von den mittelmäßigen. Was er sagte, schien mir logisch. Ich wusste, dass das Vorspiel die Basis für aufregenden Sex für *Frauen* ist; warum sollte das also nicht auch auf Männer zutreffen?

Während wir also unseren Kaffee tranken, nahm Bryan seinen Löffel zur Hand und forderte mich auf, dasselbe zu tun. Er tat so, als sei der Löffel ein Penis und zeigte mir, was Männer mögen. Er erklärte, welche Bereiche des Penis besonders empfindlich sind und nur leicht berührt werden wollen, und zeigte mir jene Regionen, bei denen mehr Druck ausgeübt werden sollte, um die beste Wirkung zu erzielen. Außerdem zeigte er mir einige kreative Dinge, die ich mit Händen, Zunge und Rachen tun konnte, um die verschiedensten Empfindungen an den richtigen Stellen hervorzurufen. Bryans Erklärungen waren klar und verständlich. Das Tolle daran war, dass ich bald herausfand, wie sie sich vom Löffel auf den Penis übertragen ließen.

Diese erste richtige Unterrichtsstunde in Sachen Sex fand 1985 statt, und bis auf den heutigen Tag war das der beste Kaffeeklatsch, den ich *je* erlebt habe. Bryan zeigte mir eine bestimmte Bewegung, von der ich ehrlich behaupten kann, dass sie im wirklichen Leben *nie* versagt hat. Und alle Frauen, die an meinen Seminaren teilgenommen und sie an *ihren* Männern ausprobiert haben, sagen genau dasselbe. Ich nenne sie »Ode an Bryan« zur Erinnerung an meinen lieben Freund Bryan, der in der Zwischenzeit verstorben ist. (In Kapitel sechs finden Sie genaue Informationen, wie die »Ode an Bryan« durchgeführt wird.)

Damals konnte ich nicht vorhersehen, welche Auswirkungen mein Gespräch mit Bryan auf mein Leben haben würde. Auf keinen Fall stellte ich mir vor, dass sich daraus für mich eine berufliche Karriere ergeben würde. Doch mein Umgang mit Männern änderte sich dadurch gründlich, und ich erhielt endlich das Selbstbewusstsein, das ich zur Erforschung meiner eigenen Sexualität brauchte. Lange behielt ich diese Informationen für mich, denn ich war mir einfach nicht bewusst, wie viele andere Frauen mit denselben Frustrationen zu kämpfen hatten, was das Gewusst-Wie beim Sex betraf.

Als ich an einem Abend im Jahr 1993 zwei Freundinnen zu Besuch hatte, kamen wir auf Sex, unser Liebesleben und Männer im Allgemeinen zu sprechen. Eine Freundin erwähnte dabei, dass das sexuelle Erlebnis mit ihrem Verlobten nicht das war, was sie sich eigentlich davon versprochen hatte. Das Problem lag dabei ihrer Meinung nach bei *ihr*. Da saß sie nun, war auf dem besten Weg zu heiraten und setzte wenig Vertrauen in ihre sexuellen Fähigkeiten, die über den direkten Geschlechtsverkehr hinaus gingen. Sie hatte Hemmungen, Dinge auszuprobieren, die sie möglicherweise nicht richtig machen würde. Meine andere Freundin tröstete sie und erklärte etwas verlegen, dass sie auch nicht so recht Bescheid wusste. Beide gaben zu, dass ihnen ihr mangelndes Wissen peinlich war und sie im

Bett hemmte. Doch was konnten sie tun? Frauen, die auf ihren Ruf bedacht waren und Selbstachtung hatten, konnten sich nirgendwo hinwenden, um sexuelle Techniken zu erlernen.

Doch, es gibt eine Möglichkeit, erklärte ich und fragte mich, ob Bryan in diesem Augenblick vom Himmel auf mich herab blickte, *und sie ist direkt hier*. Ich holte drei Löffel und begann mit meinen Erklärungen. Ich zeigte ihnen alles, was Bryan mir gezeigt hatte, und fügte einige Dinge hinzu, auf die ich selbst gekommen war. Wir hatten bis in die frühen Morgenstunden unseren Spaß, tauschten Ideen und sexuelle Anekdoten über all die falschen Informationen aus, die wir in der Vergangenheit bekommen hatten. Doch all das bereitete mich keinesfalls auf das vor, was folgen sollte. Innerhalb einer Woche erhielt ich Anrufe von beiden Freundinnen, die erzählten, dass die Dinge, die ich ihnen an jenem Abend gezeigt hatte, auf Anhieb zu unglaublichen Verbesserungen in ihrem Sexleben geführt hatten! Sie gaben mir den Spitznamen Kama*Lou*tra und meinten, ich sollte mir doch überlegen, ob ich nicht auch andere Frauen in Sachen Sex unterrichten wolle.

Ich wollte alles über guten Sex lernen und guten Sex erleben, aber da HIV und AIDS leider gefährliche Realität sind, wollte ich auch wissen, wie es um Safer Sex bestellt war. Bald leitete ich Diskussionsgruppen im Freundeskreis, und in den letzten Jahren entstand die Idee, ein Buch über Safer Sex zu schreiben. In den Diskussionsgruppen fragte ich Frauen, welche Fragen sie zum Thema Sex hatten. Ihre Antworten waren eine wirkliche Überraschung für mich: Ich hatte mit meiner Neugier und meinem mangelnden Wissen in Sachen Sex nicht allein dagestanden. Auch sie machten sich Gedanken über die Sicherheit in sexuellen Dingen und interessierten sich wie ich dafür, sexuelle Kunstfertigkeit zu erlangen. Sie waren der Meinung, dass die Fähigkeit, eine großartige Liebhaberin zu sein, einfach Teil des Frauseins ist.

So begann es also, mit den Sexseminaren: Freundinnen erzählten anderen Freundinnen von den Dingen, die sie bei mir gelernt hatten, und bald hielt ich solche Abende mehrmals wöchentlich nach der Arbeit ab. Es dauerte nicht lange, und das Telefon stand nicht mehr still. Ich erhielt so viele Anfragen, dass ich meinen Job aufgab und die Seminare zu meinem Hauptberuf machte. Ich muss zugeben, dass ich mich anfänglich mit meinem neuen Image nicht besonders wohl fühlte. Ich musste mich erst langsam daran gewöhnen, dass ich plötzlich eine Expertin in Sachen Sex war. Diese Seminare sind nicht mehr nur ausschließlich für Frauen gedacht, sondern auch auf Männer und Paare und besondere Ereignisse, wie Hochzeiten, Junggesellenpartys oder Geburtstage ausgerichtet.

Jedes Seminar ist ein Ideenaustausch, und wie ein Schneeball, der einen Berg hinabrollt und dabei immer dicker wird, wächst die Informationsgrundlage für diese Seminare mit jeder guten Idee, die ich höre. Bisher habe ich noch kein Seminar erlebt, bei dem ich nicht etwas Neues gelernt hätte, und ich denke, das wird sich auch nicht ändern. Obwohl ich diese Seminare *leite*, stammen die Informationen, die ich weitergebe, aus unzähligen Quellen. Ich kann immer wieder nur betonen, dass die Seminare dem Austausch dienen, und wenn Sie weiterlesen, werden Sie verfolgen können, wie die Teilnehmerinnen ihre Ideen austauschen, Wissen aufbauen und Selbstbewusstsein entwickeln, um gute – und fachkundige – Liebhaberinnen zu werden. Ich wette, dass einige ihrer Antworten Sie wahrscheinlich überraschen werden.

Herz und Voraussetzung dieser sehr vertraulichen Seminare (niemand zieht sich dort aus) war das Schaffen eines sicheren, verschwiegenen Ortes. Und wenn Frauen mit anderen Teilnehmerinnen über ihre Erfahrungen redeten, wurden Dinge, die sie bereits wussten, bestätigt und weiterentwickelt.

Wahrscheinlich werden Sie einige Techniken als eigene oder

sehr ähnliche Techniken wieder erkennen. Ausgezeichnet! Wenn Sie feststellen, dass sie mit einigen Techniken bereits vertraut sind, ist das wunderbar. Gehen Sie einfach zur nächsten über oder vergleichen Sie sie genauer mit der Ihren.

Obwohl ich diese Seminare seit über fünf Jahren leite, höre ich jedes Mal etwas völlig Neues. Wie das möglich ist? Indem ich neuen Ideen gegenüber immer offen und stets bereit bin zu lernen. Die Frauen, die diese Seminare besuchen, denken genauso. Eine aus Russland eingewanderte Frau meinte: »Dies ist mein viertes Seminar, und es ist unglaublich, wie viel ich immer noch lerne. Ich bin wieder zu einem Auffrischungskurs gekommen.« Zu Beginn der Seminare denken die Teilnehmerinnen, dass ich diejenige bin, die alles weiß, aber am Ende gehen sie mit dem Gefühl nach Hause, dass im Grunde sie die Fachfrauen sind.

Grundlage für *Die perfekte Liebhaberin* sind Tausende von Gesprächen, die ich geführt habe, sowie wissenschaftliche Untersuchungen, mit denen ich mich in den letzten fünfzehn Jahren befasst habe. Es ist eine Zusammenfassung der Dinge, die ich in den Seminaren von den Teilnehmerinnen gelernt habe. Die Frauen kommen, um zu erzählen, zuzuhören und zu lernen, und in diesem Sinn wurde auch dieses Buch geschrieben. Die Seminare werden immer größer, und die Teilnehmerinnen haben von anderen Frauen davon erfahren (bisher habe ich noch nicht direkt dafür geworben).

Geheimtipp aus Lous Archiv

Wenn Männer älter werden, brauchen sie mehr Stimulation und Vorspiel. Sie werden in dieser Hinsicht den Frauen ähnlicher.

Unabhängig von Ihrer bisherigen Erfahrung oder Hemm-schwelle werden Sie in diesem Buch fündig werden. Es bietet viele frische Ideen für die sinnlichen Grundlagen einer roman-tischen Umgebung, Küssen, Geschlechtsverkehr und Sicher-heit. Doch die pikanten Dinge finden Sie in den Kapiteln zu oraler und manueller Stimulation. Ich habe festgestellt, dass Frauen in diesem Bereich über das geringste Vertrauen in ihre sexuellen Fähigkeiten verfügen. Frauen, die sich dabei bisher unsicher gefühlt haben, finden hier Hilfe. Das Kapitel enthält leicht umsetzbare Anleitungen zu vielen Techniken für Hand und Mund, deren Wirkungen ihn um den Verstand bringen werden, wie meine Seminarteilnehmerinnen bestätigen. Jene, die es im Schlafzimmer verspielt mögen oder einfach neugierig sind, was erotisches Spielzeug und seine Anwendung betrifft, finden im letzten Kapitel genau das, was sie suchen. Wenn Sie es gelesen haben, wird Ihr Partner Ihnen vielleicht eine neue Perlenkette schenken – wenn er erst einmal herausfindet, was Sie damit machen wollen.

Es lässt sich mit Worten nur schwer beschreiben, welche Macht Sie empfinden werden, wenn Sie den Menschen, den Sie lieben, in Ekstase versetzen können. Mit Macht meine ich nicht Macht *über* Ihren Partner (obwohl Männer hin und wie-der zum Sklaven der »Ode an Bryan« werden). Ich meine viel-mehr die selbstlose Macht, die aus dem *Wissen* erwächst, dass Sie sich mit dem, was Sie tun, auskennen. Wenn Sie sich Ihres Wissens sicher sind, werden sich alle Aspekte Ihrer Beziehung zu Ihrem Ehemann, Geliebten oder Freund deutlich verän-dern. Durch die größere körperliche Nähe werden sich die Grenzen Ihrer Intimität auf allen Ebenen erweitern. Es gibt keinen größeren spirituellen Austausch zwischen Menschen als den zweier Liebender, die ihre Sache gut machen.

Wenn ich dazu beitragen kann, diesen Genuss zu vergrößern, habe ich selbst an schlechten Tagen den besten Job der Welt.

2. Kapitel

Über das Schlafzimmer hinaus

Eine sinnliche Umgebung schaffen

»Als ich ihr Schlafzimmer betrat, kam ich in ein
wunderschönes, pinkfarbenes Boudoir – alles war pink
und glühte und erinnerte mich an ihren Körper.«
Seminarteilnehmer, Makler, 45 Jahre alt

Schlechtes Timing – gekränkte Gefühle

Ist Ihnen das auch schon mal passiert? Sie haben beschlossen,
aufs Ganze zu gehen und ihn mit einem extravaganten romantischen Abendessen zu überraschen, gefolgt von einer Nacht
mit leidenschaftlichem Liebesspiel. Sie haben viel Zeit aufgewendet und ein kleines Vermögen für exotisches Obst, Pastete,
Filet Mignon und eine Flasche 84er Cabernet Sauvignon aus-
gegeben. Sie haben alle Sorgfalt aufgewendet, um auch ja
nichts zu übersehen.

Er kommt mit einem dicken Aktenordner nach Hause und
sagt Ihnen auf dem Weg in die Küche, dass er heute Abend eigentlich nur eine Schnitte Brot essen möchte. Kein Wunder,
dass Sie sauer sind! Sie können einfach nicht glauben, dass er
arbeiten will, nachdem Sie alles daran gesetzt haben, diesen
Abend zu einem unvergesslichen Erlebnis werden zu lassen. Er

wiederum kann nicht begreifen, wie Sie sich so viel Arbeit machen konnten, ohne ihn vorher zu fragen. Sie empfinden Ablehnung, während er unter Schuldgefühlen leidet.

In dieser Situation ist es einfacher, sich über die Zeit, das Geld und die Mühe zu beklagen, die für die Vorbereitung eines wunderbaren Essens verschwendet wurden, statt über die Enttäuschung zu sprechen, die Sie fühlen, weil er kein Interesse an einer romantischen Nacht zu haben scheint. Doch genau das tut am meisten weh. Das Abendessen und all die kleinen Einzelheiten waren nur die Verpackung des Geschenks der Intimität. Dass dieses Geschenk nicht angenommen wird, tut verständlicherweise weh.

Es kann zu unerwarteten Situationen kommen, bei denen selbst die besten Absichten nichts nützen. Genau aus diesem Grund ist es so wichtig, Enttäuschungen von vornherein vorzubeugen – *speziell* dann, wenn es um Sex geht. Andererseits bleibt nichts so lange im Gedächtnis wie eine wunderbare Überraschung von dem Menschen, den Sie lieben.

In diesem speziellen Fall hätte ein Anruf ausgereicht, um verletzte Gefühle zu vermeiden. Ohne die Überraschung preiszugeben, hätten Sie am Telefon einfach fragen können: »Bleibt es bei dem geplanten Abendessen?« Er hätte dann die Möglichkeit gehabt, Ihnen zu sagen, dass er es auf Grund von beruflicher Überlastung nicht schaffen wird oder dass er nur Zeit für einen schnellen Imbiss hat. Hätte *er* Sie nicht anrufen können, um von der Mehrarbeit zu berichten? Natürlich. Aber wahrscheinlich denkt er nur an die Krise im Büro, die er bewältigen muss – schließlich hat er keine Ahnung von der geplanten Überraschung. Sie sind es, die beschlossen hat, in einen romantischen Abend zu investieren. In einem solchen Fall ist es gutes Zeitmanagement, die eigene Investition zu schützen. Außerdem hätten Sie sich eine andere Lösung ausdenken können, wenn Sie eher Bescheid gewusst hätten. Sein Sandwich hätte schon zubereitet sein können, wenn er zur Tür hereinkommt, und auch *Sie* hätten bereit sein können. Das Gefühl, dass Sie seine Situation verstehen, hätte ihn erleichtert und vielleicht zu einem Quickie gegen seinen Arbeitsstress führen können. Wenn Ihnen andererseits diese geänderte Zeitplanung die Lust genommen hat, hätten Sie Gelegenheit, andere Pläne zu machen.

Was Intimität und den Ausdruck körperlicher Liebe betrifft, ist nichts erfrischender als vollständige und totale Freiheit. Doch totale sexuelle Freiheit gibt es nur, wenn *beide* Partner sie fühlen. Manchmal verschließt sich ein Partner sexuell auf Grund vorübergehender Stimmungen, aber *normalerweise* ist der Grund ein größeres Problem, wie Leistungsdruck, Unerfahrenheit, zu enge moralische Grenzen oder ein negatives Körpergefühl.

Geheimtipp aus Lous Archiv

Am leichtesten erregen Sie ihn, indem Sie *nicht* das Erwartete tun. Gehen Sie nicht gleich auf den Aktionspunkt zu – lassen Sie ihn warten! Verhalten Sie sich wie eine neue Liebhaberin, deren Verhalten er nicht vorausahnen kann.

Es stimmt nicht, dass Männer, wie seit Urzeiten leider immer wieder falsch behauptet wird, allzeit bereit und willig sind und auf Kommando Sex haben können. Weil wir an diesen Unsinn glauben, werden wir allzu oft enttäuscht. Es gibt unzählige Gründe, warum man nicht in Stimmung sein kann, und es wäre ein Fehler, deshalb gleich die Beziehung für gefährdet zu halten. Das Schlimmste, was man tun kann, wenn es mit dem Partner einmal nicht klappt, ist, ihn unter Druck zu setzen und zum Sex zu zwingen. Das funktioniert auch nur selten – und wenn, dann wird der Partner wahrscheinlich böse sein. Warum sollte man den anderen überhaupt zum Sex überreden *wollen*? Schließlich widerspricht dies dem eigentlichen Zweck. Wenn Sie und Ihr Partner allerdings feststellen, dass es öfter zwischen Ihnen auf sexueller Ebene nicht stimmt, sollten Sie miteinander darüber sprechen. Aber auch dann sollte man nicht gerade im Bett über dieses Problem sprechen. Wenn man jedoch dem Partner die Möglichkeit gibt, Sex einmal ohne Schuldgefühle abzulehnen, wird es beim nächsten Mal, wenn sich die Gelegenheit zum Liebesspiel bietet, zu einer viel freieren Begegnung kommen.

Wenn Sie jedoch beide Lust haben, schadet ein wenig romantische Stimmung keinesfalls. Hin und wieder führen ein, zwei subtile Andeutungen schon dazu, dass er entgegen seiner ursprünglichen Absicht bald in Stimmung ist. Es gibt viele andere Möglichkeiten, ihm zu zeigen, dass Sie Lust haben, als ihn klar und deutlich zum Sex aufzufordern, obwohl das nicht unbedingt eine schlechte Idee sein muss. Manchmal reicht es schon aus, leiser und langsamer zu sprechen, um Ihre Absichten deutlich zu machen. Sie sollten dabei nicht unglaubwürdig klingen, aber er soll schon hören, dass Sie etwas planen. Sie werden feststellen, dass Ihnen auf diese Weise die Aufmerksamkeit Ihrer Zuhörer immer sicher ist.

Geheimtipp aus Lous Archiv

Männer sind visuelle Wesen. Fragen Sie ihn, ob er Ihnen zuschauen möchte. Wenn er Ja sagt, geben Sie ihm ein paar Kissen, auf die er sich stützen kann, um Sie besser beobachten zu können.

Wenn Sie aus irgendeinem Grund glauben, dass der Vorschlag von *ihm* kommen muss, können Sie bestimmte Dinge tun, damit Sie nicht allzu lange auf diesen Vorschlag warten müssen. Wir wollen dabei jedoch nicht vergessen, dass man Manipula-

tionen besser dem Chiropraktiker überlässt. Nichts nimmt
einem mehr die Lust als ein Partner, der sexuelle Avancen wiederholt ablehnt. Die hier beschriebenen Ideen dienen der sinnlichen Kommunikation und gehen davon aus, dass er mit Ihren
Absichten einverstanden ist.

Unabhängig vom wahren Grund, wird die Weigerung, intim
zu werden, vom anderen fast immer als mangelndes Verlangen
oder nachlassende Zuneigung *interpretiert*, wenn man nicht
offen darüber spricht. Weil Sex sowohl körperlich als auch
emotional so viel offenbart, kann man seiner Verknüpfung mit
dem Ego nicht entfliehen. Den intimsten Teil des Ichs anzubie-
ten, in der Hoffnung, dass diese Gefühle erwidert werden, und
dann festzustellen, dass dieses Angebot *absolut* nicht willkommen ist, kann ein vernichtendes Gefühl sein. Andererseits gibt
es wohl kein fantastischeres Gefühl, als sexuell auf einen Menschen zuzugehen und willkommen geheißen zu werden. Vor ein
paar Wochen begleitete eine Seminarteilnehmerin, eine 45-
jährige Frau aus Chicago und leitende Mitarbeiterin einer Werbeagentur, ihren Mann zur Hochzeit des Sohnes seines Chefs.
Weil sie unterbewusst daran dachten, was Braut und Bräutigam
nach dem Empfang wohl tun werden, waren sie und ihr Mann
ziemlich erregt. Sie verließen die Party, liefen durch ein paar
Flure des Hotels und fanden eine Besenkammer. Die Frau öffnete die Tür, zog ihren Mann hinein, presste ihn gegen die Tür
und griff nach seinem Reißverschluss. Den Rest können Sie sich
selbst vorstellen.

Noch mehrere Tage nach der Hochzeit sprach ihr Mann
immer wieder von der »Besenkammer«-Episode. Seine Frau
sagte mir, dass es die unerwartete Spontaneität der Erfahrung
war, die ihn am meisten erregt hatte.

Das perfekte romantische Ambiente hat seinen Platz. Bei solchen Gelegenheiten macht es Spaß, ein elegantes Essen zuzube-

reiten, sich besonders schön zu kleiden, die entsprechende Musik auszuwählen und eine Stimmung zu schaffen, bei der die sinnlichen Absichten deutlich spürbar sind. Aber sinnliche Absichten lassen sich genauso leicht mit Brotschnitten und Bier kreieren wie mit Kaviar und Kristallgläsern.

Wenn Sie allerdings immer auf Kerzenlicht und Mondstrahlen warten, könnte das körperliche Verlangen, das einfach dazugehört, auf der Strecke bleiben. Mutter Natur hat uns aus einem ganz bestimmten Grund mit Hormonen ausgestattet. Wir wurden als sexuelle Wesen geboren. Unsere Sexualität erzeugt Leben und Liebe. Es ist unsere stärkste Form der Kommunikation und ist vorhanden, damit wir sie einsetzen. Sie ist nicht an irgendwelche Bedingungen gebunden, die sagen, wie, wann und wo wir sie ausleben sollten.

Viele Menschen haben ihre Vorstellung von romantischen Begegnungen aus dem Kino. Leider haben wir im echten Leben normalerweise keine Make-up-Künstler, Stylisten oder Bühnenausstatter zur Hilfe. Auch wenn diese Liebesszenen noch so schön anzusehen sind, sollten Filmemacher sie vielleicht mit einer Warnung versehen, in der es heißt: »Nicht zu Hause ausprobieren, da Sie stark enttäuscht werden könnten.« Wenn Sie sich ein ganz bestimmtes *Bild* von Sinnlichkeit machen, werden Sie die Sinnlichkeit, wie sie sich in Wirklichkeit *anfühlt*, verpassen. *Aussehen* und *Gefühl* sind oft nicht so und selten dasselbe wie das *tatsächliche Erlebnis*. Sinnliche Erregung kommt auch aus dem Innern und hängt nicht nur von äußeren Einflüssen ab.

Das Feuer der Leidenschaft neu entfachen

Manchmal beklagen sich Männer und Frauen in meinen Seminaren darüber, dass immer nach demselben Muster verfahren wird, dieselbe Stellung, derselbe Tag, dieselbe Uhrzeit usw. gewählt werden. Keine Erregung, kein Flattern im Bauch, keine

Gefahr, kein Gelächter, einfach nichts. Zuerst haben sie eine ganze Woche keinen Sex, und bevor sie sich's versehen, ist ein ganzer Monat vergangen. Schon bald ist so viel Zeit verstrichen, dass es ihnen beiden peinlich ist, Sex auch nur zu erwähnen, und plötzlich verhalten sie sich einander gegenüber *schüchtern*. Diese Situation ist nicht ungewöhnlich, trifft aber nur auf einen Teil der Frauen zu, mit denen ich über ihr Sexualleben gesprochen habe.

Andere Frauen halten die Seminarteilnehmerinnen mit wunderbaren Geschichten von sinnlichen Abenteuern in Atem. Und denken Sie nicht, dass diese Geschichten nur von jungen Frauen oder frisch Verliebten stammen. Einige der aufregendsten erotischen Abenteuer werden von Frauen erzählt, die seit Jahrzehnten mit demselben Mann zusammen sind. Sie haben sich einfach geweigert, der sexuellen Langeweile zu erliegen, die nach Überzeugung vieler unausweichlicher Bestandteil von langfristigen Beziehungen ist.

Ein Paar aus Texas, das in jungen Jahren geheiratet hat und nun schon fünfzehn Jahre verheiratet ist, hat jeden Monat an einem Abend eine private Verabredung: Einer von beiden lässt aus einem Lieblingsrestaurant das Abendessen nach Hause liefern, kauft eine Flasche Wein und bringt alles nach oben ins Schlafzimmer, wo die beiden den Rest des Abends verbringen. Die Frau, eine Psychologin, meinte: »Wir haben so viel zu tun, und alles muss schnell gehen, sodass wir uns kaum Zeit für uns nehmen. Wir wollen dieselben Gefühle haben wie damals, als wir uns kennen lernten, und im Schlafzimmer sind wir auf dem besten Weg dorthin.«

Eine andere Frau und ihr Mann waren beide schon einmal verheiratet – er dreißig Jahre lang und sie zwölf. Da sie beide wussten, dass sie nie zusammen Silberhochzeit feiern würden, beschlossen sie, ihre Ehe jeden Monat mit etwas ganz Besonderem zu zelebrieren. Am liebsten feiern sie, indem sie nackt zusammen essen. Die Frau sagte zu mir: »Wir haben jetzt unsere 115. Feier hinter uns, und es wird immer besser!«

Sie sollten sich klar machen, dass sexuelle Intensität (oder ihr Mangel) eine persönliche Entscheidung ist, vorausgesetzt, sie sind beide gesund und einander wirklich zugeneigt. Es ist *kein* unabänderlicher Zustand, sondern kann sehr schnell (wieder) erschaffen werden. Die einzigen Voraussetzungen für ein erfüllendes Sexualleben für beide Partner sind Verlangen und ein wenig Inspiration. Die nachfolgend beschriebenen Ideen stammen von Seminarteilnehmerinnen und wurden von diesen Frauen erfolgreich in die Tat umgesetzt, um die sexueller Spannung in ihren Beziehungen anzuregen. Ich gebe sie hier weiter in der Hoffnung, auf diese Weise Ihre eigene Kreativität anzuregen. Sie wissen, dass Ihre sinnliche Umgebung allein Ihnen und Ihrem Partner gehört. Was bei einem Paar funktioniert, klappt nicht unbedingt bei jedem. Das muss Sie nicht beunruhigen. Doch oft hilft auch im sexuellen Bereich das Verlassen eingefahrener Gewohnheiten, um das Feuer der Leidenschaft neu zu entfachen.

Zum fünfunddreißigsten Geburtstag ihres Mannes beschloss eine Hausfrau in einem New Yorker Vorort, ihn mit einer kleinen Überraschung zu begrüßen, als er von einer mehrtägigen Geschäftsreise nach Hause kam. Als er zur Haustür herein kam, warteten auf dem Tisch im Flur folgende Anweisungen auf ihn: »Herzlichen Glückwunsch zum Geburtstag, Liebling. Bitte befolge diese Anweisungen ganz genau: Stell die Heizung auf 30 Grad, zieh dich ganz aus, leg die David-Sanborn-CD ein und setz dich in den Sessel (der mit einem Handtuch abgedeckt war). Verbinde dir die Augen und sag kein Wort. Wenn du fertig bist, klatschst du in die Hände.« Nun kam seine Frau ins Zimmer, massierte ihn mit warmem Öl und fütterte ihn mit Oliven, Weintrauben und Aprikosen. Dann verwöhnte sie ihn nach der Heiß-Kalt-Methode (sie wird in Kapitel sieben genau beschrieben) mit oralem Sex. »Mein Mann sagte, das sei die tollste Erfahrung gewesen, die er je hatte. Und unser Sexualleben kam dadurch wieder richtig in Schwung.«

Eine andere Frau, Mitte vierzig und aus Los Angeles stammend, erzählte diese Geschichte: »Ich hatte an einem Kurs für Gebärdensprache teilgenommen, und mein Mann hatte sich daran gewöhnt, dass ich jeweils am Dienstag- und Donnerstagabend nicht zu Hause war. Als der Abend für das Sexseminar gekommen war, griff ich zu einer Notlüge und sagte, dass ich an einem Sonderunterricht für Gebärdensprache teilnehmen würde. Am nächsten Morgen rief ich ihn an und gestand, dass ich am vorhergehenden Abend nicht an meinem normalen Kurs teilgenommen, sondern stattdessen das Sexseminar besucht hatte. Zuerst wollte er mir nicht glauben, doch ich sagte zu ihm: ›Wenn du heute Abend nach Hause kommst, ziehst du dich aus, und ich werde es dir beweisen.‹« Er tat es, und sie erzählte, dass es einer der besten Nachmittage war, den sie seit ihrer Heirat mit Liebesspielen verbracht hatten.

Eine andere Frau hatte am Wochenende den üblichen Streit mit ihrem Mann darüber, welchen Film sie ausleihen sollte. Schließlich gab sie nach und war mit dem von ihm gewünschten Abenteuerfilm einverstanden, statt auf ihrer Liebesgeschichte zu bestehen. In der Videothek hatte sie eine Idee und verließ das Geschäft mit dem Abenteuerfilm *und* einem pornografischen Film. Sie tauschte die Filme aus, reichte ihrem Mann den Pornofilm in der Hülle des Abenteuerfilms und sagte, sie würde schnell etwas Popcorn zubereiten. Statt jedoch in die Küche zu gehen, lief sie ins Schlafzimmer und zog eines seiner Hemden, einen raffinierten BH und einen Tanga-Slip an. Dann setzte sie sich zu ihm vor den Fernseher, wo er dann live das gewünschte Abenteuer erlebte.

Eine elegante Frau Mitte dreißig erzählte, wie sie ihren Lebenspartner, einen älteren, sehr sonoren Herrn Mitte sechzig, zum Mittagessen in einen New Yorker Club begleitet hatte. Es war spät am Nachmittag, und das Restaurant des Clubs war bis auf ein Paar am anderen Ende des Raums fast leer. Unter diesen Umständen waren sie überrascht, wie wenig Aufmerksamkeit ihnen vom Kellner zuteil wurde. Nachdem er ihnen etwas Wein gebracht hatte, war er längere Zeit nicht zu ihrem Tisch zurückgekehrt. Sie merkte, dass ihr Partner wegen des schlechten Service ungeduldig wurde, obwohl sie es eigentlich gar nicht eilig hatten. Sie fragte sich, warum er sich in Restaurants immer so aufregen musste.

Sie wusste, dass es gleich zu einer unangenehmen Szene kommen würde, und griff in der Nische, in der sie saßen, unter den Tisch. Sie legte ihre Hand auf seinen Schritt und begann, die Stelle leicht zu reiben, wobei sie langsam die Intensität erhöhte. Plötzlich schien ihm der Kellner gar nicht mehr so wichtig. Er war von ihrer Kühnheit schockiert, konnte aber nicht umhin, auf die Berührungen zu reagieren. Auch *sie* war von ihrem Verhalten überrascht, da sie in ihren sexuellen Begegnungen nur selten den aktiven Part übernahm. Aus irgendeinem Grund erregte es sie ungemein, seine Wut mit der bloßen Hand zu unterdrücken, und ihr wurde vor Erregung ganz schwindlig. Sie öffnete seinen Reißverschluss, holte seinen Penis hervor und bearbeitete ihn weiter. Als er nach der Serviette griff und sich schnell unter dem Tisch damit bedeckte, konnte er nur einen Satz hervorbringen: »*Mein Gott*, ich hoffe, der Kellner kommt nicht gerade jetzt!« Bis auf den heutigen Tag hat er sich nie wieder darüber beklagt, wenn er in einem Restaurant wieder auf die Bedienung warten musste.

Ein Wort der Warnung: *Wenn Sie dies selbst einmal ausprobieren wollen, sollten Sie darauf achten, dass die Tischdecke mindestens bis zur Hälfte der Tischhöhe auf den Boden reicht.*

Geheimtipp aus Lous Archiv

Der Geruch von Frauen und Männern ist völlig unterschiedlich. Männer riechen stärker nach Moschus, während Frauen süßer duften. Auch die verschiedenen Rassen riechen jeweils anders: Ich habe mir sagen lassen, dass beispielsweise europäische, afrikanische und asiatische Männer jeweils einen ganz eigenen Körpergeruch haben.

Einer anderen Geschichte zufolge änderte eine Krankenschwester aus Toronto die Erwartungen, die ihr Mann mit dem Weihnachtsfest verband, für immer. Sie legte ihm mehrere »Geschenkgutscheine« auf den Gabentisch, die ihn zu bestimmten sexuellen Wünschen berechtigten. Als sie etwa eine Woche nach Weihnachten nach Hause kam, stand ihr Mann oben auf der Treppe und trug nichts außer einem Lächeln auf dem Gesicht und einen Geschenkgutschein in der Hand. In fünfzehn Jahren Ehe haben sie an diesem Ritual festgehalten, und beide sind *hundertprozentig* davon überzeugt, dass ihr Sexualtrieb, ihr Engagement und die Liebe zueinander in dieser Zeit immer stärker geworden sind.

Weitere Ideen für Abwechslung und Spannung
- Sagen Sie ihm ganz offen, was Sie mit ihm im Bett tun wollen und was er machen soll. Das kann einen Mann sehr erregen, vor allen Dingen dann, wenn Sie diese Ausdrucksweise außerhalb des Betts nie verwenden. Üben Sie vor dem Spiegel, wenn Sie sich nicht sicher sind, wie Sie dabei wirken.
- Flüstern Sie ihm zu, dass Sie raffinierte, knappe oder gar keine Unterwäsche tragen, während der Rest der Welt Sie klassisch gekleidet sieht. Das gefällt ihm normalerweise viel besser, als wenn Sie Ihren Sex-Appeal direkt zur Schau tragen. Jeden Mann reizt die Vorstellung, die leidenschaftliche Seite seiner Partnerin zum Vorschein zu bringen. *Die Über-*

zeugung, dass er allein dazu in der Lage ist, schafft wie nichts anderes eine starke Bindung zwischen Ihnen. Diese Bindung besteht nicht nur auf sinnlicher Ebene, sondern auch geistig, emotional und spirituell.

• Rufen Sie ihn im Büro an, wo er nicht direkt auf das, was Sie sagen oder vorschlagen, reagieren kann. Dies ist eine weitere Form des Vorspiels, mit dessen Hilfe sexuelle Spannung aufgebaut und die Vorfreude auf Ihr nächstes Treffen erhöht werden kann.

Körperliche Wonnen

Ich haben mit Männern aller Altersgruppen, Rassen, Berufe und Einkommensgruppen Gespräche darüber geführt, was für sie das wichtigste Element ist, um eine unglaubliche sexuelle Erfahrung mit einer Frau zu definieren. Fast alle waren dabei einer Meinung: Es ist nicht die perfekte Figur oder körperliche Schönheit, es ist nicht einmal besonders viel Erfahrung.

Auf Grund der Tatsache, wie wir sozial konditioniert wurden, ist es vielleicht kaum zu glauben, aber wahr: am meisten wünschen Männer sich, dass wir uns ganz *hingeben*. In einer intimen Begegnung wünscht ein Mann sich, dass Geist, Körper und Seele seiner Partnerin ganz auf das aktuelle Geschehen eingestellt sind. Er möchte spüren, dass er seine Partnerin erregt und sie in diesem Augenblick nichts anderes tun als das Liebesspiel mit ihm genießen möchte.

Außerdem lieben Männer die Körpersprache. Sie reagieren auf einen Körper, der sich ganz dem Geschehen hingibt, egal, ob Sie essen, Sport treiben, eine Geschichte erzählen oder sich küssen. Männer spüren es, wenn die Partnerin engagiert ist. Aus diesem Grund sollte Ihr ganzer Körper zum Ausdruck bringen, dass Sie an Sex denken. Das heißt nicht, dass Sie sich provokativ hinstellen oder bewegen müssen. Es ist auch nicht nötig, zu übertreiben. Aber Sie sollten in Bezug auf Dinge, derer Sie sich *sicher* sind, nicht *un*sicher wirken. Verschließen Sie sich nicht. Vielmehr sollten Sie sich strecken, gerade stehen und sich frei bewegen. Lassen Sie ihn wissen, dass Sie sich Ihres Körpers bewusst sind und ganz genau wissen, was Sie tun.

Gleichzeitig wollen Sie ihm nichts vorspielen oder Ihre Absichten übertrieben äußern. Ein dreiundvierzigjähriger Papierhändler berichtete mir von einem Besuch in einem sehr schicken Fitnessstudio. Als er auf der Bank Gewichte drückte, fiel ihm eine Frau in eng anliegender Aerobic-Kleidung auf, die in direkter Nähe Dehnübungen machte. Ihm fiel sofort auf, dass sie keine Unterwäsche trug – keinen String-Tanga, keine Calvin Klein-Unterhose, nichts. Doch statt von dieser Zurschaustellung ihres Körpers erregt zu werden, war er angewidert. »Es war einfach zu schamlos, zu offen. Sie wollte unbedingt antörnen. Für mich ist es viel reizvoller, wenn ich sehe, wie eine Frau ihren Spaß hat und sich dem, was sie tut, ganz hingibt – egal, was sie dabei trägt.«

Diese Information ist besonders wertvoll, da Frauen sich durch das Aussehen des eigenen Körpers mehr als durch alles andere sexuell gehemmt fühlen. Der Versuch, Makel an Bauch, Po, Busen oder an den Oberschenkeln beim Sex zu verstecken oder zu tarnen, ist nicht nur Zeitverschwendung, sondern auch eine Verschwendung von Energien. Zum einen wird er es sowieso sehen oder fühlen (speziell dann, wenn Sie alles tun, damit er es nicht merkt), und zum anderen ist es ihm wahrscheinlich völlig egal.

Seien Sie sich der Sinnlichkeit in allem, was Sie sehen, fühlen, berühren, schmecken und riechen, bewusst. Er wird auf dieses Erwachen Ihrer Sinne nicht nur reagieren, sonder auch Teil dieser Erfahrung sein wollen. So erzählte mir eine Rechtsanwältin neulich eine Geschichte von einem Abend, den sie mit einigen Freundinnen in einem Nachtclub verbrachte. Sie trug ein Kostüm und ein Paar flache Pumps. Während sie der Musik zuhörte, spielte sie ganz bewusst mit ihrem Schuh und ließ ihn auf ihren Zehen baumeln. Kurz darauf trat ein Mann, der am Nachbartisch gesessen hatte, an ihren Tisch, berührte ihre Schulter und sagte: »Ich möchte Sie nicht weiter stören, aber Sie müssen damit aufhören, weil es mich total erregt.«

Interessant an dieser Begebenheit war, dass er nichts weiter sagte, sondern sofort wieder ging. Die Frau trug nichts, was man als erotische Kleidung bezeichnen konnte, und er konnte von seinem Sitzplatz aus nicht einmal ihr Gesicht sehen. Was ihn erregte, war das pure Bewusstsein, mit dem sie mit ihrem Schuh spielte. Für ihn war es pure Sinnlichkeit. Ich habe herausgefunden, dass viele Männer so empfinden. Oft sind wir uns gar nicht bewusst, wie ganz einfache Gesten auf Menschen, die uns beobachten, wirken.

Geheimtipp aus Lous Archiv

Männer möchten zwar, dass wir in der Öffentlichkeit zurückhaltend sind, aber im Privatbereich sollen wir uns ganz hemmungslos geben. Genau dieser Unterschied erweckt ihre Leidenschaft. Je zurückhaltender wir in der Öffentlichkeit sind, desto ungehemmter können wir uns im Privatleben verhalten.

Bitte verstehen Sie mich nicht falsch. Wenn Sie immer der Meinung waren, dass Männer visuelle Wesen sind, haben Sie natürlich Recht. Für sie ist das Sehen viel wichtiger als für uns. Aber ihr Wunsch nach dem perfekten weiblichen Körper und manchmal auch die Beschäftigung mit ihm findet *vor* der sexuellen Begegnung statt. Wenn Sie erst einmal so weit sind, ist für den Mann das einzig Wichtige an Ihrem Körper, dass er den Willen ausdrückt, die sexuelle Erfahrung intensiv und frei zu genießen. Wenn ein Mann eine begeisterte Partnerin hat, konzentriert er sich nicht auf irgendwelche Makel, sondern nimmt das, was er hat, als perfekt wahr.

Sich einfach schön fühlen

Obwohl Sie wissen, dass Ihr freier sinnlicher Geist dafür sorgt, dass *er* Sie schön findet, ist die Tatsache, wie *Sie* sich selbst sehen, letztlich am wichtigsten. Sie sollten sich so kleiden und verhalten, dass es Ihrem Partner gefällt, wenn Sie sich freiwillig dazu entschieden haben – und wenn Sie dabei mindestens genauso viel Spaß haben. Wenn Strapse, Tangas und andere Reizwäsche nicht Ihr Ding sind, verzichten Sie einfach darauf. Glauben Sie bloß nicht, dass nur das Klischee der Frau in schwarzer Seide und hochhackigen Schuhen wirkt. Ich kenne viele Männer, die ganz anders darüber denken.

Ein Rechtsanwalt aus Boston erzählte mir, dass er besonders erregt wird, wenn seine Frau (eine Professorin für Geschichte) seine Boxershorts und eins seiner Unterhemden anzieht. »Wenn Sie diese Sachen anhat, macht mich das wahnsinnig!« Ich weiß aus verlässlichen Quellen auch, dass Frauen in Jeans und T-Shirt bestimmte Männer genauso erregen, wie wenn sie Strapse und einen Wonderbra tragen würden. Ich kenne Männer, die einer Frau in einem weichen Flanellschlafanzug einfach nicht *widerstehen* können. Am wichtigsten ist, dass Sie sich in Ihrem Outfit wohl fühlen. Dieses körperliche wie auch geistige Wohlgefühl ist der Schlüssel zu sexueller Freiheit.

Die einzige obligatorische Voraussetzung für eine sexuelle Begegnung ist Sauberkeit bei beiden Partnern. Niemand sollte mit einem Sexualpartner zusammen sein, der nicht auf körperliche Reinlichkeit achtet, und damit meine ich nicht nur die Geschlechtsteile. Ich weiß nicht, wie oft dieses Thema von Männern und Frauen in meinen Seminaren angesprochen wird. Haar, Ohren, Fingernägel, Zehennägel und Füße werden oft übersehen und nicht gereinigt, weil man es eilig hat, miteinander ins Bett zu geben. Ich hätte nie geglaubt, dass etwas so Selbstverständliches in einem Buch wie diesem erwähnt werden müsste, wenn es nicht in fast jedem Seminar angesprochen würde. Offenbar gehen wir schweigend davon aus, dass alle Menschen dieselbe Körperpflege betreiben. Außerdem hat man Angst davor, das Thema anzusprechen: einem Sexualpartner zu sagen, dass man sich durch mangelnde Sauberkeit abgestoßen fühlt, ist für beide unangenehm. Doch es gibt keine Entschuldigung dafür, sich von jemandem, mit dem man intim sein wird, »beschmutzt« fühlen zu müssen. Jeder Mensch, der bereit ist, sich einem andern hinzugeben, verdient einen gut gepflegten Partner. Wenn Sie für eine Dusche oder ein Bad zu müde sind, sind Sie auch für Sex zu müde.

Da wir gerade beim Thema Sauberkeit sind, möchte ich kurz den natürlichen Geruch des menschlichen Körpers ansprechen. Ich weiß, dass manche Männer und Frauen es »natürlich« mögen und kein Deo benutzen, aber dabei geht man wohl ein Risiko ein. In diesem Zusammenhang fällt mir die Geschichte eines erfolgreichen Geschäftsmannes ein, der Anfang sechzig, schlank und ein echter Gentleman war. Er war mit einer Frau Ende vierzig zusammen und fühlte sich sehr zu ihr hingezogen: sie war fit, aktiv und genoss das Leben – Eigenschaften, die ihm gefielen und die er bewunderte. Nach der zweiten oder dritten sexuellen Begegnung konnte er nicht umhin, ihren schlechten Körpergeruch wahrzunehmen. Es war ihm unangenehm, das Thema anzuschneiden, da sie sich nicht *so* gut kannten, aber diese Sache stieß ihn sehr ab.

Muss ich fortfahren? Ich finde es schade, all die emotionalen Stadien zu durchlaufen, bis man zur körperlichen Intimität bereit ist, um dann festzustellen, dass man den Geruch des anderen nicht mag. In vielen Gesprächen habe ich herausgefunden, dass es jene, die am meisten gegen das Sauberkeitsprinzip verstoßen, am wenigsten kümmert. Wenn Sie aktiv sind, Stress haben oder aus irgendeinem Grund schwitzen und kein Deo benutzen, sind Sie selbst bei täglicher Dusche ein Kandidat für Körpergeruch. Natürlich ist es wichtig, sich zu waschen, aber wenn dies ausreichte, hätte man Deos wohl nicht erfunden.

Die richtige Atmosphäre

Keine Angst, Sie müssen kein Michelangelo sein, um kreative Ideen zu haben, mit denen Sie Ihr Liebesspiel anregender gestalten können. Nichts ist erfrischender als Kreativität in Liebesdingen. Sie und Ihr Partner müssen auf der Grundlage persönlicher Vorlieben entscheiden, was Ihren Appetit anregt. Das Geheimnis des Erfolgs besteht darin, *nicht* das zu tun, was erwartet wird, sondern die Fantasie spielen zu lassen und etwas ganz Neues auszuprobieren.

Geheimtipp aus Lous Archiv

Das Fernsehen ist der größte Störfaktor in einer erotischen Atmosphäre, weil es die Aufmerksamkeit auf sich zieht und von der Situation und dem Partner ablenkt. Wenn Sie die Aufmerksamkeit Ihres Partners wünschen, sollten Sie sich ruhigeren Aktivitäten zuwenden und beispielsweise lesen oder Musik hören.

Eine sinnliche Umgebung ist nicht auf das Schlafzimmer begrenzt. Vielmehr kann es *jede* Umgebung sein, in der Sie dazu inspiriert werden, sich sexueller Aktivität hinzugeben. Natürlich können Kerzenlicht, ein Kaminfeuer, feiner Champagner und leise Musik eine Rolle spielen, doch wenn dies das *einzige* Szenario ist, das Ihre Libido anregt, müssen Sie zwischen einzelnen sexuellen Begegnungen möglicherweise sehr lange warten. Bedenken Sie, dass wir Frauen im Gegensatz zu Männern normalerweise umso länger ohne Orgasmus auskommen *können*, je länger wir keinen erleben. Und je öfter wir einen Orgasmus erleben, desto öfter scheinen wir uns einen Orgasmus zu *wünschen*. Obwohl ich bisher keine wissenschaftlichen Belege für dieses Phänomen gefunden habe, ist es kein Geheimnis, dass bei Männern der Drang nach Sex umso intensiver wird, je länger sie keinen Orgasmus erleben.

Die Magie der Beleuchtung

Männer reagieren stark auf optische Reize. Das heißt, dass Sie, meine Damen, nicht die Einzigen sind, die sanftes Licht mit Romantik in Verbindung bringen. Im Kino sieht man kaum eine Liebesszene, die nicht vor dem Kamin, bei Kerzenlicht, bei Sonnenuntergang, unter dem Sternenhimmel oder in der Morgendämmerung stattfindet. Dank der modernen Technik des Films ist die Assoziation zwischen gedämpftem Licht und Liebe in der menschlichen Psyche tief verwurzelt. Aber seien wir ehrlich: die sinnliche Wirkung des Feuerscheins geht bereits auf die Steinzeit zurück. Hollywood hat einfach ein bereits funktionierendes Konzept weiter ausgeschmückt.

Der offensichtlichste Vorteil gedämpfter Beleuchtung ist die Änderung der Stimmung, die automatisch durch sie ausgelöst wird. Wir senken die Stimme, sodass wir näher zusammenrücken und besser zuhören müssen. Diese kleinen Details – leise Gespräche, enger Körperkontakt und die Bereitschaft, dem anderen zuzuhören – sind sehr wichtige Schritte auf dem Weg zu einer Liebesbegegnung.

Doch die Stimmung ist nicht das Einzige, was durch gedämpftes Licht positiv beeinflusst wird. Gedämpftes Licht hat auch eine ästhetische Wirkung. Es ist sehr freundlich zu Falten, Tränensäcken, Schönheitsfehlern und anderen kleinen Makeln, die man unter einer Leuchtstofflampe besser nicht zur Schau stellt. Licht, das Sie von hinten beleuchtet und nicht von vorne oder von oben strahlt, schmeichelt mehr. Mit diesem in der Filmindustrie und in der Fotografie als »Hintergrundbeleuchtung« bezeichneten Licht wirken Models und Berühmtheiten oft um Jahre jünger, und jedem anderen Körper schadet es auch nicht. Zellulitis und Rettungsringe scheinen durch diese Art der Beleuchtung sanft kaschiert.

Oft empfehle ich Seminarteilnehmerinnen zur Vorbereitung auf einen romantischen Abend, für den kein Mondlicht zur Verfügung steht, farbige Glühbirnen mit niedriger Wattzahl einzusetzen. Diese Glühbirnen sind heute in verschiedenen Tönen in Elektrogeschäften erhältlich. Die pink- und pfirsichfarbenen Töne liefern nicht nur den Vorteil von gedämpftem Licht, sondern verleihen dem Hautton zusätzlich einen schönen Schimmer, wie bei Sonnenaufgang oder -untergang.

Kerzen

Nicht alle verfügen über einen Kamin, der einen Raum in gedämpftes, warmes Licht taucht, aber Kerzen erfüllen diesen Zweck ebenso und sind nicht teuer. Abhängig von der Größe des Raums brauchen Sie eine, zwei oder drei Kerzen, um Ihr Liebesnest mit einem himmlischen, verzaubernden Schimmer zu erfüllen. Duftkerzen verbreiten nicht nur romantisches Licht, sondern auch sinnliche, stimulierende Aromen.

Sinnliche Duftrichtungen (dies ist keine erschöpfende Liste)
- Gewürze: Salbei, Zeder, Rosmarin, Lavendel, Vanille
- Früchte: Birne, Orange, Pfirsich, Blaubeere, Zitrone
- Blumen: Gardenie, Rose, Nachthyazinthe, Jasmin
- Ätherische Öle: Patschuli, Moschus

Tipps für den Einsatz von Kerzen

- Kerzen mit Orangen- oder Zitrusduft sind bei Männern beliebt.
- Ylangylang gilt als Aphrodisiakum.
- Blütenduft sollte nicht mit dem Duft von Früchten gemischt werden.
- Wenn Sie nicht wissen, wie er reagieren wird, probieren Sie es mit einer Kerze mit Vanilleduft, der sehr mild ist.
- Zünden Sie keine stark duftende Kerze beim Essen an; der Geschmack des Essens wird dadurch beeinträchtigt.
- Lassen Sie Kerzen nie unbeaufsichtigt brennen.
- Geben Sie unten in den Kerzenständer etwas Wasser; es wird die Kerze automatisch löschen, falls Sie vergessen sollten, sie auszupusten, und es verhindert, dass der Kerzenständer bei zu starker Erhitzung zerspringt.

Gedämpftes Licht sorgt für einen psychologischen Vorteil, was wichtig für jene Menschen ist, die sich bei einer sexuellen Begegnung unbehaglich fühlen oder bei den ersten Begegnungen mit einem neuen Partner schüchtern sind. Auch wenn Ihnen eine Liebesbegegnung vom emotionalen Standpunkt her richtig scheint, ist Nervosität etwas ganz Natürliches, wenn ein neuer Partner beteiligt ist oder wenn Sie eine neue Stellung oder einen neue Art von Sex ausprobieren möchten. Manchmal kann eine schwächere Beleuchtung helfen, Hemmungen zu überwinden.

Wenn Sie eine sinnliche Atmosphäre schaffen, sollten Sie bedenken, dass diese für Sie beide gedacht ist. Sie haben jederzeit die Freiheit, nein zum Sex zu sagen, aber bedenken Sie dabei auch, dass es zur Liebe gehört, füreinander da zu sein, auch wenn man manchmal am liebsten ganz woanders wäre. Niemand möchte immer körperlich lieben. Dennoch kann Sex gerade in Augenblicken, wo man es am wenigsten erwartet, am aufregendsten sein. Egal, ob es langsamer, romantischer Sex oder eine schnelle, leidenschaftliche Begegnung ist – wenn Sie mit einem Menschen zusammen sind, für den Sie viel empfinden, ist es *immer* eine Liebesbegegnung.

3. Kapitel

Die Kunst des Küssens

Ein Kuss ist *nie* nur ein Kuss

»Ich war immer unzufrieden damit, wie mein Mann
mich geküsst hat, aber gleichzeitig wusste ich nicht,
wie ich ihm zeigen konnte, wie er mich richtig küssen sollte.
Mit der einfachen und liebevollen Technik, die ich
bei Ihnen gelernt habe, konnte ich es ihm zeigen.«
Seminarteilnehmerin,
New Yorker Börsenhändlerin, 36 Jahre alt

Mit dem Küssen beginnt die sexuelle Vereinigung. Wenn Ihre
Lippen einander berühren, ist dies das erste Zeichen, der erste
Geschmack dessen, was kommen wird. Andererseits ist es bei
gegenseitiger Zuneigung schwierig, sich nicht abgestoßen zu
fühlen, wenn ein Kuss »danebengeht«. Eine verheiratete Frau
erklärte in einem meiner Seminare, dass sie es nicht mag, wie
ihr Mann sie küsst. Als ich sie fragte, wie sie sich lieben können,
wenn sie schon das Küssen nicht mag, antwortete sie: »Wir küssen
uns einfach nicht. Diesen Teil lassen wir einfach aus.«

Schade, kann ich da nur sagen, denn das Küssen ist die beste
Möglichkeit, in die richtige Stimmung zu kommen. Doch von
unzähligen anderen Frauen hörte ich ähnliche Geschichten
über ihre Unzufriedenheit, was das Küssen betrifft. Eine Reihe
von Frauen und Männern haben in meinen Seminaren ihre Ent-

täuschung darüber geäußert, dass Küssen in ihrer sexuellen Beziehung keine Rolle mehr spielt. Meistens erzählen sie, wie leidenschaftlich sie sich *früher* geküsst haben, als sie es stundenlang taten und dies die treibende Kraft für jede sexuelle Begegnung war. Doch mit der Zeit hat die Leidenschaft nachgelassen, und die Küsse sind von der Menge und Intensität her langsam immer weniger geworden. Es ist nie so recht klar, wann die Leidenschaft nachgelassen hat, und die meisten Frauen wissen nicht, *ob* oder *wie* sie wiedergewonnen werden kann.

Die gute Nachricht lautet, dass diese Enttäuschung nicht spezifisch auf Männer oder Frauen zutrifft, aber Frauen machen ihrer Enttäuschung eher Luft, während Männer dieses Thema nur anschneiden, wenn man sie direkt fragt. Doch es ist eine Tatsache, dass beide Partner etwas vermissen, wenn die Küsse nicht mehr so leidenschaftlich sind.

Glauben Sie nicht, dass er nicht mehr daran interessiert ist, Sie leidenschaftlich zu küssen. Wahrscheinlich will er dieses Thema nur nicht ansprechen, weil sich Männer in Diskussionen, die ihre Verletzbarkeit zeigen könnten, nicht wohl fühlen. Männer brauchen den Beweis, dass sie ihre Partnerin erregen, denn das wiederum erregt *sie*. Sie können ihm Ihre Erregung ganz deutlich durch die Art und Weise zeigen, wie Sie ihn küssen.

Geheimtipp aus Lous Archiv

Männer beobachten oft, wie eine Frau isst und trinkt, um eine Vorstellung davon zu bekommen, wie sie küssen und lieben wird. Je besser der Appetit einer Frau ist, desto wahrscheinlicher ist es, dass sie offen und leidenschaftlich sein wird.

Noch trauriger als das Eingeständnis, dass die Leidenschaft eingeschlafen ist, sind die Geständnisse jener, die nie Leidenschaft erlebt haben. Eine Liebesbeziehung ohne die Erfahrung leidenschaftlicher Küsse ist im Grunde unzumutbar. Das Küssen ist das Wesen des romantischen Zaubers, aus dem heraus Leidenschaft entsteht, und in jeder Beziehung verdienen es die Partner, Sinnlichkeit zu erleben. Dabei ist es egal, ob Sie diese Sinnlichkeit neu schaffen oder wieder beleben wollen. Niemand hat mehr Recht auf Leidenschaft als Sie, wobei es keine Rolle spielt, wie alt Sie sind oder wie lange diese Beziehung schon besteht.

Die Geschichte des Küssens

Küssen ist wahrscheinlich die schönste Form der Kommunikation, die der Mensch sich je ausgedacht hat. Einer Legende zufolge wurde der Kuss von Rittern des Mittelalters erfunden, die auf diese Weise herausfinden wollten, ob ihre Frauen am Honigwein-Fass genippt hatten, während sie ihre Kreuzzüge unternahmen. Glücklicherweise blieb das Küssen nicht auf die Aufdeckung von unerlaubtem Alkoholgenuss beschränkt. Früher glaubten manche junge Frauen auch, dass Babys das Ergebnis eines leidenschaftlichen Kusses seien. (Sie waren auf der richtigen Spur, aber sie dachten das Ganze nicht bis zu seinem biologischen Abschluss zu Ende.) Doch das Küssen hat nicht nur überlebt, sondern hat sich weiterentwickelt, und zwar aus gutem Grund.

Geheimtipp aus Lous Archiv

Das englische Wort »kiss« geht auf ein Wort aus dem 12. Jahrhundert zurück – »cyssan« –, was »nass, Seele oder Zunge« bedeutet.

Die wahrscheinlichere (und schönere) Erklärung für den Ursprung des Küssens ist die Mutter-Kind-Bindung. Vor der Erfindung von fertiger Babynahrung im Gläschen mussten Mütter das Essen für ihre Kinder vorkauen. Die emotionale Verbindung, die hier stattfindet, geht weit über das Geben und Empfangen von Nahrung hinaus. Frieden, Sicherheit und ein Gefühl der Zusammengehörigkeit spielen eine große Rolle. Der Grund, warum Babys so oft an der Mutterbrust einschlafen, wenn sie genug getrunken haben, ist die Tatsache, dass die Berührung der Haut mit den Lippen so beruhigend ist.

Die Lippen des Menschen enthalten nicht nur Talgdrüsen, sondern auch äußerst empfindliche Nervenenden. Wenn diese Nervenenden mit den Lippen oder der Haut eines anderen Menschen in Kontakt kommen, erzeugt diese Berührung eine ganz eigene Sprache. Wir wollen alle die Lippensprache fließend sprechen, um klare Botschaften auszusenden oder sie in dem beabsichtigten Geist zu empfangen. Ein Kuss kann freundlich, demonstrativ, einfühlsam, traurig, endgültig, süß, höflich, einladend, leidenschaftlich, wild oder distanziert sein. Wenn ein Blick mehr sagt als tausend Worte, sagt ein Kuss mehr als eine Milliarde Worte. Mit einem Kuss kann im Grunde alles ausgedrückt werden, vorausgesetzt, man versteht die Kunst des Küssens. Und nie ist ein Kuss Verschwendung.

Für unsere Zwecke werde ich mich jedoch auf jene Küsse konzentrieren, die allein dazu dienen, das Feuer der Leidenschaft zu entfachen – vor, während und nach dem Liebesspiel. Wir dürfen nie vergessen, dass es in der Liebe nur wenige Berührungen gibt, die stärker sind als ein Kuss. Aus diesem Grund verdient jeder Kuss, den Sie geben und empfangen, besondere Aufmerksamkeit. Küsse senden eine Botschaft aus – speziell in einer Liebesbeziehung. Küssen mit Achtsamkeit zu begegnen bedeutet einfach, sich der Sprache, die dabei gesprochen wird bewusst zu sein und die Lippen nichts als die Wahrheit sagen zu lassen. Obwohl wir ganz instinktiv küssen (und lieben), sind Anleitung und Übung in beiden Fällen von Vorteil.

Ein prickelndes Gefühl

Egal, was Ihre liebe Mutter Ihnen erzählt hat – ein »frischer« Mund ist etwas *Gutes*. Bitte vergeben Sie mir, wenn ich hier etwas Selbstverständliches erwähne, aber Mund und Atem sollten zum Küssen sauber und frisch sein. Sicherlich haben alle schon einmal Situationen erlebt, in denen der Atem des Partners nicht gerade zum Küssen reizt oder in denen dies auf uns selbst zutrifft. Und es ist nicht nur der Atem. Nahrungsreste, die aus irgendeinem Grund beschlossen haben, am Kinn zu kleben, laden nicht gerade zum Küssen ein. Auch ein hartnäckiges Stück Spinat, ein Stück Kaviar oder eine schwarze Bohne, die an einem Vorderzahn klebt, kann ein Störenfried sein. Solche Dinge können die Stimmung im Nu verderben.

Aber schlechter Atem und an den Zähnen klebende Essensreste können im Grunde bei jedem auftreten, und am besten geht man damit um, indem man schnellstmöglich für Abhilfe sorgt und sie entfernt. Wenn Sie aber vom Atem Ihres Partners abgestoßen werden, sollten Sie es ihm *sagen*. Schließlich wollen Sie niemanden küssen, dem es nicht wichtig ist, wie er auf Sie wirkt, und daher sollten Sie ihm helfen. Und Sie sollten freundlich reagieren, wenn er dasselbe für Sie tut. Es sind kleine Probleme, die sich leicht beheben lassen, und eine etwas peinliche Situation kann mit einer Bemerkung wie »Und jetzt bist du wieder völlig perfekt, Liebling« ins Lot gebracht werden.

Nachfolgend finden Sie eine Liste mit Tipps und Vorschlägen von Seminarteilnehmern, die zeigen, wie man potenzielle Hemmnisse beim Küssen ausräumen oder verhindern kann:
• Vergessen Sie beim Zähneputzen nicht, auch Zunge und Gaumen mit einzubeziehen. Hier siedeln sich Bakterien, die

schlechten Atem verursachen, besonders gerne an, doch dem kann durch Reinigung vorgebeugt werden. Durch Putzen dieser Mundbereiche bleibt Ihr Atem sehr viel länger frisch.

- Sammeln Sie die kleinen Flaschen Mundwasser, die in Hotels bereitgestellt werden, und stecken Sie eine in jede Handtasche. Sie können Sie auch in Supermärkten und Drogerien kaufen, wo Produkte speziell für die Reise oder in Probiergrößen angeboten werden.
- Gehen Sie nie ohne Pfefferminzbonbons aus dem Haus.
- Bewahren Sie Pfefferminzbonbons in einer kleinen Schachtel neben dem Bett auf. Ein gutes Mittel, um schlechten Atem am Morgen zu bekämpfen.
- Wenn einer von Ihnen etwas Scharfes oder stark Riechendes, wie beispielsweise Knoblauch oder Zwiebeln, isst, sollten Sie beide davon essen. Der Geruch ist dann nur halb so schlimm.
- Petersilie ist ein ausgezeichnetes Mittel, um Gerüche zu unterbinden, und Sie sollten dieses im Restaurant oft als Garnitur verwendete Kraut ruhig essen. Kaufen Sie auch ein Bund, wenn Sie selbst kochen.
- Wenn der Atem Ihres Partners nicht frisch riecht, essen Sie selbst ein Pfefferminzbonbon und bieten ihm *dann* auch eins an.
- Bewahren Sie immer eine Rolle Zahnseide in der Handtasche auf. Wenn Sie irgendwo ohne Handtasche hingehen, stecken Sie ein Stück in den BH oder in die Hosentasche. (Verwenden Sie sie jedoch nie, wenn andere Sie beobachten.)
- Ein Zungenspatel ist ein relativ neues kleines Werkzeug. Dabei handelt es sich um einen flexiblen gezackten Plastikstreifen, mit dem man über die ganz Zunge kratzt, um Geruchsbakterien zu entfernen, die auch nach dem Zähneputzen dort noch vorhanden sind. Sie werden staunen, was sich dort so alles ansammelt.

- Vereinbaren Sie mit Ihrem Partner, dass Sie gleich von Anfang an gegenseitig Ihre Zähne überprüfen, um festzustellen,
  ob nach den Mahlzeiten noch irgendwelche Essensreste vorhanden sind.
- Wischen Sie jeweils nach ein paar Bissen leicht mit der Serviette über die Mundwinkel, egal, ob dort Ihrer Meinung nach
  Essensreste vorhanden sind oder nicht – gehen Sie lieber auf
  Nummer sicher. Schließlich ist das der Zweck von Servviet-
  ten.
- Wenn Sie sehen, dass Ihr Partner irgendeinen Krümel oder
  Tropfen im Gesicht oder am Mund hat, nehmen Sie Ihre Serviette und wischen ihn vorsichtig ab. Wenn Sie nicht in direkter Nähe sitzen, geben Sie ihm leise einen Hinweis oder
  machen Sie eine diskrete Handbewegung, damit er sich den
  Mund wischt.
- Sagen Sie beim Verlassen des Restaurants, dass Sie sich eben
  etwas frisch machen wollen. Das gibt ihm die Gelegenheit,
  dasselbe zu tun. Bei sich zu Hause erwähnen Sie ebenfalls
  beiläufig, dass Sie sich etwas frisch machen müssen. Sorgen
  Sie dafür, dass Mundwasser und Zahnseide leicht sichtbar
  bereitstehen, damit er nicht in Ihren Schubladen oder
  Schränken suchen muss, um sich präsentabel herzurichten.

Lippen sind nicht nur zum Küssen da

Ich möchte Ihnen eine Geschichte über Männer und Lippen erzählen. Jahrelang haben einer meiner liebsten Freunde und ich
auf der AIDS-Station eines Krankenhauses in Los Angeles freiwillig Dienst getan. Wenn möglich, haben wir gemeinsam
Pause gemacht, um zusammen eine Kleinigkeit zu essen. In den
Sommermonaten haben wir uns meistens ein Eis im Hörnchen
geholt. Einmal saßen wir ziemlich am Anfang unserer Freund-
schaft draußen und aßen unser Eis, als er zu mir herüber-

schaute und sagte:»Lou, du musst dein Eis schneller essen,
oder dieser Tisch wird sich vom Boden abheben.« Da ich wusste, dass er nur einen Scherz machte, brach ich in Gelächter aus
und fragte ihn, was er damit meinte. Er sagte mir, dass Männer
es wirklich erregend finden, Frauen dabei zu beobachten, wie
sie ein Eis im Hörnchen essen. Offenbar stellen Männer sich
dabei vor, dass Frauen dasselbe mit ihrem Penis machen.

Geheimtipp aus Lous Archiv

Wenn Sie beim nächsten Mal in der Gegenwart eines Mannes etwas
trinken, stecken Sie die Zunge ein winziges Stückchen heraus und
halten sie an den Rand des Glases oder der Tasse. Ich garantiere,
dass er darauf reagieren wird.

Ein paar Wochen später waren wir in seinem Wagen unterwegs, als ein junges Mädchen die Straße überquerte, das an
seinem Eiskremhörnchen lutschte und alles um sich herum
vergessen zu haben schien. Mein Freund bat mich, die Männer
zu beobachten, die dem Mädchen nachschauten. Ich war
schockiert. Alle Männer an der Kreuzung und jene, die in
ihren Wagen an der Ampel warteten, schauten dieses Mädchen
wie gebannt an. Sie konnten ihren Blick einfach nicht von
ihrem Mund abwenden!»Weißt du, Lou«, sagte mein Freund,
»wenn eine Frau die Straße überquert und dabei an einem Eis
lutscht, hält sie den ganzen Verkehr auf.«

Eine Akademikerin aus Florida erzählte eine ähnliche Geschichte. Vor nicht allzu langer Zeit machten ihr Freund und
sie sich ausgehfertig. Sie legte noch etwas Lippenstift auf, während er geduldig wartete. Sie sagte:»Ich mach mir nur eben die
Lippen schön, damit du mich küssen magst, Schatz.« Er lachte
und antwortete:»Ans Küssen habe ich dabei eigentlich nicht

gedacht.« Es ist bekannt, dass Männer nicht unbedingt überlegen, wie es wäre, eine Frau zu küssen, wenn sie ihre Lippen sehen und sie attraktiv finden. Und, meine Damen, Männer haben mir erzählt, dass sie genauso reagieren, wenn sie eine Nachrichtensprecherin sehen. Es ist sehr wahrscheinlich, dass sie eher daran denken, wie unsere Lippen etwas berühren, das sich an ihrem Körper weiter südlich befindet.

Geheimtipp aus Lous Archiv

Was Lippenstift angeht, habe ich diesen Tipp, der direkt von den Männern stammt: weniger ist auf jeden Fall mehr. Wenn Sie sich nicht sicher sind, schauen Sie in den Spiegel. Wenn *Sie* Ihren Mund nicht küssen würden, wird er es wahrscheinlich auch nicht wollen.

Im Einklang

Zu keiner anderen Zeit steht hinter dem Küssen mehr Absicht als bei einem romantischen Vorspiel. Wie wir in Kapitel 2 diskutiert haben, ist es wichtig, dass Sie *Ihre* Absicht kundtun. Küssen ist Anfang, Mitte und Ende des Liebesspiels, und aus diesem Grund sollte die Macht des Küssens nie unterschätzt werden. Wenn Sie und Ihr Partner beim Küssen keine Verbindung aufbauen, wird Ihre Leidenschaft immer eingeschränkt sein. Damit Ihre Leidenschaft erwacht, ist es unbedingt notwendig, dass Sie auf eine Art und Weise küssen und geküsst werden, die Hitze erzeugt. Die Leiterin einer Werbeagentur in Chicago beschrieb es so: »Mein Freund küsst unheimlich heiß. Ein paar Minuten, und schon bin ich bereit. Wenn er auf mir liegt und tief in meinem Innern ist, spüre ich seinen Atem, seine heiße Brust, und wir küssen uns – in diesem Augenblick fühle ich mich geliebt, begehrenswert und sicher.«

Das Küssen ist genau wie viele andere Elemente der Liebe etwas Subjektives. Was der eine mag, muss beim anderen nicht unbedingt dieselbe Wirkung hervorrufen. Das ist häufig die Wurzel von Problemen. Ein Kuss, der einen früheren Partner vor Verlangen ganz verrückt gemacht hat, erregt den aktuellen Partner möglicherweise gar nicht. Nicht, dass er nicht gerne geküsst wird, aber vielleicht will er nicht unbedingt *so* geküsst werden. Natürlich trifft dasselbe auch auf Sie zu. Wenn seine Küsse Sie abstoßen oder nicht anmachen, stehen Sie vor einem Problem. Doch die Lösung ist gar nicht so schwierig. Sie besteht allerdings nicht darin, ihm zu sagen, dass seine Küsse Sie nicht erregen. Ich muss die Zartheit des männlichen Egos wohl nicht erwähnen. Es macht aber auch keinen Sinn, den Mund zu halten und nichts zu unternehmen. Wenn Sie ihm nicht mitteilen, dass er es anders machen sollte, werden Sie das Gewünschte nicht bekommen.

Geheimtipp aus Lous Archiv

Das Wichtigste, das Sie für Ihre Lippen tun können, ist sie weich und geschmeidig zu halten. Eine Kosmetikerin, die ich kenne, empfiehlt dazu eine Augencreme, da sie besser aufgenommen wird als normale Lippencreme.

Zeigen Sie ihm, wie Sie es mögen

Um das »Küssproblem« anzugehen, *zeigen* Sie ihm, wie Sie geküsst werden möchten. Wenn Sie diese vier Schritte befolgen, bekommen Sie vielleicht schon heute Abend den perfekten Kuss.

1. Sagen Sie ihm, wie gerne Sie küssen.
2. Küssen Sie ihn so, wie Sie gerne geküsst werden möchten, damit er genau weiß, wie es sich anfühlt.
3. Halten Sie inne, lehnen Sie sich zurück, und sagen Sie zu ihm: »Zeigst du mir, wie es sich anfühlt, von mir geküsst zu werden?«
4. Wenn er Sie richtig küsst, zeigen Sie ihm unbedingt, wie sehr es Ihnen gefallen hat und wie stark Sie dadurch stimuliert wurden. Männer vergessen selten, wodurch sie Resultate erzielen. (Wenn er es nicht richtig gemacht hat, wiederholen Sie die Schritte eins bis drei, so oft es notwendig ist.)

Küssen Sie ihn, dass es ihm den Atem verschlägt

Unabhängig davon, wie unterschiedlich wir geküsst werden wollen, habe ich von Männern und Frauen immer wieder ein paar Dinge gehört, die es sich zu wiederholen lohnt. Dabei handelt es sich um bewährte Techniken, die Ihnen und Ihrem Partner ein tolles Kusserlebnis garantieren:

- Zusammengekniffene Lippen passen nicht zur Leidenschaft. Niemand küsst gerne einen toten Fisch. Wenn Sie wirklich nicht küssen wollen, ist es besser, es gar nicht zu tun, statt ohne Gefühl.
- Wenn Ihre Lippen seine Haut berühren, sollte er den *Innen*rand Ihrer Lippen spüren können, nicht nur die Außenseite. Sie können den Unterschied spüren, wenn Sie es an Ihrer Hand ausprobieren.
- Bringen Sie die Zunge zuerst nur hin und wieder ins Spiel, und setzen Sie sie langsam immer stärker ein. Achten Sie beim Küssen darauf, dass Ihre Zunge sich nicht so schnell in und aus Ihrem Mund bewegt, dass dies an die Bewegungen eines Spechts erinnert. Diese Technik erregt NICHT.

- Ihr Partner mag es, wenn Sie ihn küssen, an ihm knabbern und ihn liebkosen, aber auch dabei ist es wichtig, langsam vorzugehen und jeden Zentimeter seines Körpers wie einen gerade gefundenen Schatz zu erforschen.

- Tun Sie so, als ob Sie gerade mit dem Zähneputzen fertig geworden sind. Fahren Sie mit der Zunge über Ihre Zähne und das Zahnfleisch, als wollten Sie überprüfen, dass alles sauber und glatt ist. Tun Sie beim Küssen dasselbe in seinem Mund (wobei Sie dabei die Unterseite der Zunge einsetzen), um festzustellen, wie er darauf reagiert.

- Wenn Ihr Liebesspiel heißer wird und Sie andere Elemente des Vorspiels einbeziehen, werden Sie wahrscheinlich von seinen Lippen weit entfernt sein. Die Lippen sind der Ausgangspunkt der Sinnlichkeit, und bei weiteren Erforschungen sollten Sie immer wieder dorthin zurückkehren. Betrachten Sie das Küssen als Mittel, um seinen »sexuellen Motor auf Touren zu bringen«. Achten Sie darauf, dass er seine »Drehzahl« erreicht.

- GEHEN SIE LANGSAM VOR. Je erregter er wird, desto schneller wird er werden wollen. Doch denken Sie daran, dass es langsame, durchdachte Bewegungen sind, die ihn überhaupt erst erregen. Übereilen Sie nichts, und lassen Sie sich nicht zur Eile antreiben.

Diese Tipps werden am besten während einer langen, romantischen Begegnung eingesetzt. Schneller, drängender Sex kann genauso heiß sein wie Sex, der sich über Stunden hinzieht, und die Eile, mit der das Vorspiel übersprungen wird, kann durchaus erregen. Doch der langsame Aufbau der Intensität durch Küsse kann eine unerklärliche Synergie zwischen Ihnen und Ihrem Partner erzeugen, die immer bleiben wird, wenn sie einmal erlebt wurde.

Geheimtipp aus Lous Archiv

Männer, die es nicht mögen, wenn man ihnen die Zunge ins Ohr steckt, sind selten, aber Frauen, die dies nicht mögen, sind noch seltener.

Heiße Stellen für Küsse

- die Ohrläppchen
- der Nabel (Sie können die Zunge hineinstecken oder daran saugen)
- Brustwarzen, Brustwarzen, Brustwarzen
- Zehen und Finger
- die Kniekehlen
- der Nacken
- die Armbeuge
- das Kreuz
- jeder Körperbereich, der selten die Sonne sieht oder normalerweise bekleidet ist

Der Wirbel

Neben dem Küssen ist diese Technik eine ausgezeichnete Möglichkeit, den »Motor« Ihres Partners auf »Touren zu bringen«. Die Idee geht auf einen Mann zurück, der Folgendes sagte: »Die meisten Männer sind sich nur einer dünnen Säule bewusst, die sich durch ihren Körper zieht – wir denken, essen, fühlen, haben Sex usw., aber wir ignorieren die übrigen Bereiche unseres Körpers, beispielsweise die Arme und den Rücken. Die Frauen sollten eins wissen: Wir warten nur darauf, dass sie zum Leben erweckt werden.«

Ihr Partner wird Sie normalerweise so berühren, wie er berührt werden möchte. Bei den meisten Männern handelt es sich dabei um feste, direkte Berührungen der Aktionspunkte. Frauen berühren leichter und zögernder. Dies ergibt Sinn, da die männliche Haut dicker und fester als die weibliche ist. Um festzustellen, wie sich das anfühlt, probieren Sie es zuerst an Ihrem Bein aus – es muss das Bein sein, weil Sie beide Hände dazu brauchen, sodass es am Arm nicht funktioniert.

Schritt A: Kratzen Sie leicht mit den Nägeln in einer geraden Linie von den Knien bis zum Schamhaar über die nackte Haut des Oberschenkels. Passen Sie den Druck entsprechend Ihrer Vorliebe an.

Schritt B: Kratzen Sie jetzt in einer großen Wellenbewegung über denselben Bereich – achten Sie darauf, dass es großzügige Wellen sind.

Bei Schritt A werden Sie (genau wie er) wahrscheinlich spüren, wie die feinen Nerven sagen: »Oh gut, gleich bin ich dran«, während die Nerven bei Schritt B sagen: »Oh Gott, ich hoffe, ich bin als Nächstes dran.«

Diese Technik kann auf jeden beliebigen Bereich seines Körpers angewandt werden: die Beine, Arme, den Kopf, Nacken – Sie haben die Qual der Wahl. Und vergessen Sie nicht die Geschlechtsorgane, die leicht berührt werden sollten.

Das Beste daran ist, dass Sie es in aller Öffentlichkeit tun können (in zurückhaltender Form natürlich, sodass die anderen nichts merken).

Geheimtipp aus Lous Archiv

Beim Zungenkuss sollten Sie zwei Dinge vermeiden: 1) saugen Sie nicht zu stark an seiner Zunge, und 2) machen Sie Ihre Zunge nicht zu spitz, denn das fühlt sich an, als ob man einen Specht küsst.

Verschiedene Arten von Küssen

- Der Zungenkuss (oder Seelenkuss). Obwohl Zungenküsse in vielen Kulturen bekannt sind, geht die englische Bezeichnung »französischer Kuss« wohl darauf zurück, dass sexuell freizügige Aktivitäten den Franzosen zugeschrieben wurden. Beim Zungenkuss handelt es sich wohl um den bekanntesten Kuss überhaupt. Ein guter Zungenkuss kann Stunden dauern. Tatsächlich hat sich ein Paar bei einem Wettbewerb vierundzwanzig Stunden lang geküsst! Bei diesem Kuss ist der Rhythmus das Allerwichtigste. Sie müssen den Rhythmus wechseln, mal an seiner Zunge saugen und dann mit Ihrer Zunge in seinem Mund herumfahren.

- Der Eskimo-Kuss. Dabei handelt es sich um einen Kuss mit der Nase, der in bestimmten Kulturen anderen Arten von Küssen vorgezogen wird. Beim Eskimokuss reibt man die Wangen oder Nasen aneinander, um den Duft des anderen aufzunehmen.

- Der Wimpernkuss (Schmetterlingskuss). Dieser Kuss ist sehr beliebt zwischen Eltern und Kindern. Mit den Wimpern wird schnell auf dem ausgewählten Körperteil geklimpert – Wangen, Lippen, Brustwarzen. Eine Frau meinte: »Ich mag es, wenn sich meine Wimpern in seinem Brusthaar verfangen.«

- Der tanzende Kuss. Dabei handelt es sich um eine spezielle Version des Eskimo-Kusses mit der Wange. Es ist eine schnelle Umarmung, die Sie und Ihr Partner auch in der Gegenwart anderer genießen können.

- Der besitzanzeigende Kuss. Dies ist ein Kuss, den Ihr Partner Ihnen geben wird, wenn Sie sich bereits seit über zwanzig Minuten mit diesem anderen charmanten Herrn unterhalten.

- Der Handkuss. Dabei handelt es sich um eine wahrlich verführerische Bewegung, wenn der richtige Mann sie ausführt. Wenn seine Lippen auf dem inneren Bereich der Handfläche verharren, wird Ihr Interesse mit Sicherheit geweckt.

- Der saugende Lippenkuss. Saugen Sie an der Unterlippe Ihres Partners, und genießen Sie das fleischige Gefühl dabei. Tun Sie es nicht mit der Oberlippe, da dies unangenehm sein könnte.
- Knutschflecke. Knutschflecke sind normalerweise Zeichen dafür, dass der Ausführende noch die Schule besucht, aber sicherlich hat jeder schon einmal einen Knutschfleck gehabt. Diese rötlich-braunen Flecken am Nacken, die durch zu starkes Saugen entstehen, sind nur schwer zu vergessen.

Die Feinheiten des Küssens

Wenn Sie alle Küsse bewerten sollten, die Sie und Ihr Partner ausgetauscht haben, würden Sie wahrscheinlich sagen, dass raffinierte Küsse im Allgemeinen mehr Punkte erhalten als verwegene Küsse. Nichts ist romantischer, als von einem kurzen, aber bedeutungsvollen Kuss auf den Nacken, die Stirn, die Nase oder die Augenlider überrascht zu werden, wenn Sie es am wenigsten erwarten. Es ist äußerst angenehm, beim Arbeiten, Fernsehen, Unkrautjäten, Einkaufen, Tanzen, Essen, Putzen oder Kochen unterbrochen und auf diese Weise kurz daran erinnert zu werden, dass da ein Mensch ist, der einen liebt. Es macht nicht nur Spaß, solche Küsse zu geben und zu bekommen – sie sind gleichzeitig nicht zu anstößig für eventuell anwesende Zuschauer, wie dies bei anderen öffentlichen Zurschaustellungen von Zuneigung der Fall sein kann.

Der Kuss, der *nie* ausgelassen werden sollte, ist der Kuss danach. Egal, ob Sie sich gerade den ganzen Abend lang leidenschaftlich geliebt oder fünf Minuten in der Toilette eines Flugzeugs mit einem Quickie verbracht haben, muss zumindest *ein* Kuss ausgetauscht werden, wenn das rein Sexuelle vorbei ist. Bei diesem Kuss können die Lippen, die Wange, Nase, Stirn oder das Augenlid geküsst werden. Dieser sanfte Kuss ist immer ein Ausdruck der Liebe. Vielleicht dauert er nur eine Sekunde, aber er spricht Bände.

Romantische Spiele, bei denen Küsse die Hauptrolle spielen, gibt es schon lange. Das folgende Spiel wurde in einem meiner Seminare erwähnt und wird von vielen mit Begeisterung gespielt. Sowohl der Küssende als auch der Empfänger des Kusses halten die Augen geschlossen. Es ist die Aufgabe des Küssenden, den Partner auf die Lippen zu küssen, ohne, abgesehen von den Lippen, mit der Haut in Kontakt zu kommen. Das hört sich leicht an, aber Sie werden überrascht sein, wie oft Nase, Wangen oder Augen im Weg sind. Doch mit ein bisschen Übung werden Sie die Wärme spüren, die von Ihren Gesichtern ausströmt, und bald wissen, dass die Bereiche des Gesichts sich unterschiedlich warm anfühlen.

Es gibt überhaupt keinen Grund, warum nicht alle Menschen das Vergnügen wunderbarer, sinnlicher Küsse genießen sollten. Wenn Sie Ihren Partner mit Küssen überschütten, teilen Sie ihm Ihre Gefühle frei und in all ihren Nuancen mit.

4. Kapitel

Sicherheit ist wichtig (und sinnlich)

Die Zerstörung des Mythos

»Niemand kann besser und verantwortungsvoller
für Ihre Sicherheit sorgen als Sie selbst.«
Lou Paget

Mir geht es nicht nur darum, zu zeigen, wie Sie besser im Bett sein können. Letztlich geht es auch darum, *klüger* im Bett zu sein. Das Beherrschen bestimmter Techniken spielt dabei nur eine untergeordnete Rolle. Über die entsprechenden Informationen zu verfügen ist eine Sache, aber zu wissen, wie man Dinge umsetzt, ist eine weitere Voraussetzung für Safer Sex. Zugegeben – ein Kapitel, das sich mit Vorsichtsmaßnahmen und Risikofaktoren befasst, die bei sexueller Intimität auftreten können, ist wahrscheinlich nicht so verlockend wie einige der anderen Kapitel. Ich rate Ihnen jedoch, dieses Kapitel ganz zu lesen, bevor Sie Ihr Urteil fällen. Es enthält *tatsächlich* einen kleinen Schatz, und Sie werden genau wie Ihr Partner dankbar dafür sein. Außerdem wäre es von mir oder anderen unverantwortlich, in sexuellen Dingen zu beraten, ohne dabei auf die Sicherheitsaspekte zu sprechen zu kommen. Und ich bin der Meinung, dass Safer Sex auch sinnlich sein kann.

Sex gilt oft als billig, schmutzig und unmoralisch – besonders für Frauen. Natürlich stimmt das nicht. Unabhängig von den jeweiligen religiösen oder moralischen Überzeugungen ist Sex an sich nichts Schlechtes. Ohne Sex würde der Mensch nicht weiter existieren. Wann, wo, wie und wem wir uns hingeben, ist eine individuelle Entscheidung. Die E*inzigen* zwei Dinge, durch die Sex zu etwas *Falschem* wird, bestehen darin, dass Sex ohne Respekt für sich selbst und den Partner oder ohne Verständnis der möglichen Konsequenzen praktiziert wird. Hier geht es um einen lebensschöpfenden, lebensverändernden und in manchen Fällen lebensbeendenden Akt. Ich kann mir nichts vorstellen, was unseres Respekts und unserer Achtung *würdiger* wäre.

Es ist noch gar nicht so lange her, dass Sicherheit beim Sex sich allein darauf bezog, einer unerwünschten Schwangerschaft vorzubeugen. Wenn wir heute von Safer Sex reden, denken wir sofort an AIDS. Fraglos verdienen HIV (humanes Immunschwächevirus) und AIDS (erworbenes Immunschwächesyndrom) all die Aufmerksamkeit, die ihnen zuteil wurden. AIDS ist tödlich und nimmt den Betroffenen oft all ihre Hoffnung, Würde und Lebensqualität. Doch es stimmt nicht, dass Safer Sex nur als Schutz vor AIDS notwendig ist. Da die Medien und die Bevölkerung AIDS im Allgemeinen mit Homosexualität und intravenösem Drogenmissbrauch in Verbindung bringen (Kategorien, in die die meisten Menschen nicht fallen), fühlen wir uns dem tatsächlich vorhandenen Risiko, uns mit HIV oder AIDS zu infizieren, nicht ausgesetzt. Dies ist jedoch ein fataler Irrtum.

Es gibt, außer AIDS, andere sehr ernste und gefährliche sexuell übertragbare Krankheiten, die überhand nehmen. Einige von ihnen sind genauso lebensbedrohlich wie AIDS. Ein Mensch, der an Muttermundkrebs oder Hepatitis stirbt, ist schließlich *genauso* tot wie jemand, der an Komplikationen im Zusammenhang mit AIDS stirbt.

Uns stehen die entsprechenden Informationen zur Verfügung, sodass wir es uns gar nicht erlauben können, im sexuellen Bereich unverantwortlich zu handeln. Jeder, der nicht gewillt ist, für seine Sicherheit zu sorgen, bevor er eine sexuelle Beziehung eingeht, hat in einer solchen Beziehung nichts zu suchen. Es ist nicht herzlos, auf Safer Sex zu bestehen, bis beide Beteiligten ohne jeden Zweifel wissen, dass der andere gesund ist. Ganz im Gegenteil: Es sollte eigentlich Ehrensache sein. Wenn Ihnen Ihre Gesundheit und Ihr Wohlergehen nicht wichtig sind, warum sollten sie ihm dann wichtig sein? Oder andersherum: Wenn er sich nicht um seine Gesundheit und sein Wohlergehen kümmert, warum sollten Sie es dann tun?

Geheimtipp aus Lous Archiv

Viele Frauen leiden unter Blasen- oder Scheideninfektionen, wenn sie mit einem neuen Partner sexuell aktiv werden. Das sollte eigentlich nicht überraschen, denn schließlich werden vom Kondom, den Samen und der Haut des Partners fremde Organismen in die Scheide eingeführt, und Ihr Körper braucht einige Zeit, um sich daran zu gewöhnen.

Ich kenne eine Frau namens Elena, die einen neuen Partner fragte, ob er einen AIDS-Test hatte durchführen lassen. Er versicherte ihr, dass er dies getan habe und dass das Testergebnis negativ gewesen sei. Doch sechs Monate später wurde Elena an dem Wochenende, an dem sie gemeinsam eine Wohnung bezogen, mit schweren Lungenproblemen ins Krankenhaus eingeliefert, wo eine HIV-Infektion diagnostiziert wurde. Ihr Freund hatte sie belogen: Wie sie nun erfuhr, war er seit über zwei Jahren positiv und hatte seine Exfrau, eine frühere Freundin und jetzt auch seine neue Freundin infiziert. Man kann also gar nicht vorsichtig genug sein.

Außerdem ist die Zahl der unerwünschten Schwangerschaften trotz aller verfügbarer Verhütungsmethoden immer noch ansteigend. Daran sehen wir, dass wir zwar sexuell immer offener werden, aber gleichzeitig weniger Verantwortung zeigen, und dafür gibt es einfach keine Entschuldigung. Unabhängig davon, dass wir Sex nicht nur aus Gründen der Fortpflanzung genießen können und sollten, verdient das, was einer so wichtigen Funktion dient, den größten Respekt von uns allen. Mutter Natur hätte genauso leicht für Schwangerschaften sorgen können, indem wir eine bestimmte Obstsorte essen oder eine bestimmte Pille schlucken. Doch sie hat sich die Intimität sexueller Beziehungen zur Fortpflanzung unserer Art ausgesucht, und das sollten wir nie einfach als gegeben hinnehmen.

Die Fakten über sexuell übertragbare Krankheiten

Jeder, der ungeschützten Sex hat, kann sich eine sexuell übertragbare Krankheit zuziehen. Eine vierunddreißigjährige Frau meinte: »Obwohl ich nur mit Männern zusammen war, die nicht viele Beziehungen hatten, besteht trotzdem ein Risiko.« Durch Alter, Ausbildung, Beruf oder sozioökonomischen Status wird man nicht immun.

Kompliziert wird die Sache noch dadurch, dass es oft nur schwer zu sagen ist, wer unter einer solchen Krankheit leidet. Viele Infizierte sehen gesund aus, fühlen sich wohl und wissen nicht einmal, dass sie infiziert sind. Vor allem bei Frauen zeigen viele sexuell übertragbare Krankheiten keine Symptome, bis bereits irreparabler Schaden entstanden ist (dies trifft beispielsweise auf Chlamydia zu, wie ich noch ausführen werde). Oft erfahren Frauen die tragische Nachricht erst, wenn sie Kinder bekommen wollen: eine sexuell übertragbare Krankheit ohne Symptome hat sie dieser Möglichkeit beraubt, es sei denn, dass sie sich neuer Techniken der Fortpflanzung wie beispielsweise der künstlichen Befruchtung bedienen.

Leider verhindert Unwissen in Bezug auf eine Krankheit nicht, dass sie an andere übertragen wird. Wenn Sie mit einem Menschen, der Träger einer sexuell übertragbaren Krankheit ist, Sex haben, können Sie sich ebenfalls infizieren. Denken Sie also immer daran, dass Ihre Augen nicht für Sicherheit garantieren, Ihr *Verstand* aber schon.

Sexuell übertragbare Krankheiten werden durch vaginalen, oralen und analen Sex übertragen. Manche werden auch durch den Kontakt zwischen Penis, Scheide, Mund oder After übertragen, ohne dass es zum eigentlichen Geschlechtsverkehr kommt. Diese Krankheiten können zwischen Mann und Frau, Mann und Mann sowie Frau und Frau übertragen werden. Einige sexuell übertragbare Krankheiten gehen sogar bei der Geburt von der Mutter auf das Kind über oder werden mit der Muttermilch übertragen. Und wahrscheinlich wissen Sie bereits, dass die gemeinsame Benutzung von Injektionsnadeln Krankheiten wie HIV übertragen kann.

Es gibt nur eine Möglichkeit, hundert Prozent sicher zu sein, dass man sich keine dieser Krankheiten zuzieht: Abstinenz. Doch für diejenigen, die sexuelle Kunstfertigkeit erlangen wollen, ist dies keine Lösung. Fast genauso sicher wie die Enthaltsamkeit ist der alleinige Einsatz der Hände, um Vergnügen zu geben und zu empfangen. Damit werden wir uns noch ausführlich in Kapitel sechs befassen. Vorausgesetzt, Ihre Hände haben keine offenen Wunden, Schrammen oder Hautrisse, ist diese Form von Sex fast risikofrei, und mit einigen Kenntnissen und genügend Kreativität kann die manuelle Stimulation eine sehr erfüllende Form des sexuellen Vergnügens sein. Dennoch bringt Abwechslung mehr Spaß in der Liebe, und selbst die aufregendste Form des Vergnügens kann nach einiger Zeit monoton werden, wenn alles andere ausgeschlossen ist.

Wir *können* jedoch dafür sorgen, dass Sex so sicher wie möglich ist und das Risiko, sich mit einer sexuell übertragbaren Krankheit zu infizieren, drastisch reduziert wird. Einem Fremden in einem Raum voller Menschen in die Augen zu sehen und kurz darauf mit ihm ins Bett zu gehen, ohne auch nur seinen Namen zu kennen, ist eine Szene, die besser ins Reich der Fantasie verbannt wird. Verantwortungsbewusste Erwachsene sprechen vorher über Sex. Bis Sie negative Testergebnisse für alle sexuell übertragbaren Krankheiten erhalten und die entsprechende Inkubationszeit abgewartet haben, um als ganz gesund zu gelten, sollten Sie vorher vereinbaren, *jedes Mal* ein Kondom zu benutzen, wenn Sie vaginalen, oralen oder analen Sex haben. Selbst durch genitalen Kontakt ohne eigentlichen Geschlechtsverkehr können Krankheiten wie HIV oder Syphilis übertragen werden. Auch das Vorspiel, bei dem es zu Kontakten kommt, kann ohne Kondom ein Risiko sein.

Das Kondom für die Frau schützt vor unerwünschter Schwangerschaft und Krankheiten, die durch vaginalen und analen Sex übertragen werden. Aber es schützt nicht vor Krankheiten, die bei oralem Sex übertragen werden, wie es bei einem normalen Kondom der Fall ist.

Das Risiko, sich eine sexuell übertragbare Krankheit zuzuziehen, kann durch die Begrenzung der Sexualpartner reduziert werden. Es ist wahrscheinlicher, sich eine solche Krankheit zuzuziehen, wenn *einer* von beiden mehr als einen Partner hat. Aus diesem Grund sollten Vertrauen und Treue in einer Beziehung nie unterschätzt werden. Das ist keine persönliche Meinung, sondern eine Tatsache. Wenn Sie meinen, den Betrug am Partner rechtfertigen zu können, ist das Ihre Sache, aber Sie sollten dabei immer auch an den Sicherheitsaspekt denken.

Und zu guter Letzt: Wenn Sie intravenöse Drogen konsumieren, dürfen Sie die Nadeln nie mit anderen teilen.

Die Krankheiten

Nachfolgend finden Sie eine Liste der häufigsten sexuell übertragbaren Krankheiten mit ihren Symptomen, potenziellen Gefahren und Behandlungsmöglichkeiten. Diese Liste soll Ihnen zur allgemeinen Information dienen.*

Es ist niemals ratsam, selbst Diagnosen zu stellen, wenn es um Ihre Gesundheit geht. Einige der aufgeführten Symptome können auch durch andere Faktoren als sexuell übertragbare Krankheiten verursacht werden, und wie ich bereits erwähnt habe, können viele dieser Krankheiten lange Zeit bestehen, ohne dass *irgendwelche* Symptome auftreten. Wenn Sie glauben, sich infiziert zu haben, suchen Sie Ihren Arzt auf. Noch besser ist es, sich bei einer regelmäßigen ärztlichen Untersuchung testen zu lassen, falls Sie beim Sex ein Risiko eingegangen sind.

Wenn Ihr Arzt Ihren Verdacht bestätigt, befolgen Sie seine Anweisungen ganz genau und unterrichten sofort Ihren Partner. Zweifellos ist das nicht einfach. Aber wenn Ihr Partner nicht ebenfalls behandelt wird, kann er Sie oder einen anderen Menschen erneut anstecken. Außerdem besteht die Gefahr eines irreparablen Schadens durch Verschleppung.

Chlamydien werden oft als die »stille Krankheit« bezeichnet, weil normalerweise erst im fortgeschrittenen Stadium Symptome auftreten. Die Symptome können folgende Dinge umfassen: ein brennendes Gefühl beim Urinieren, ungewöhnlicher Ausfluss aus der Scheide, Schmerzen im Unterbauch, Schmerzen beim Sex und Blutungen zwischen der Periode. Momentan

---

* Die Zahlen über Infizierungen stammen von der Bundeszentrale für gesundheitliche Aufklärung. Dort erhält man auch weiterführende Informationen und Tipps (im Internet unter www.bzga.de)

sind etwa 350 000 Frauen in Deutschland mit Chlamydien infiziert.

Chlamydien werden durch oralen Sex und Geschlechtsverkehr übertragen. Die Krankheit kann eine Bakterieninfektion tief im Innern der Eileiter verursachen, die chronische Schmerzen, Eileiterschwangerschaften und Unfruchtbarkeit auslöst. Bei oraler Übertragung verursacht die Krankheit eine Infektion der oberen Atemwege. Chlamydien können bei der Geburt von der Mutter auf das Kind übertragen werden und bei Neugeborenen Augen- und Lungeninfektionen verursachen.

Die Krankheit lässt sich leicht mit Antibiotika behandeln, aber zu ihrer Diagnose müssen spezielle Tests durchgeführt werden. Bei einem normalen Abstrich wird dieser Test nicht gemacht. Sie müssen Ihren Arzt also ausdrücklich darum bitten. Die Symptome beim Mann sind Schmerzen beim Urinieren und Absonderungen aus dem Penis.

Gonorrhö, umgangssprachlich auch als »Tripper« bezeichnet, ähnelt den Chlamydien, da es sich ebenfalls um eine Bakterieninfektion handelt, die bei Frauen oft nicht entdeckt wird, bis es bereits zu permanenten Schädigungen gekommen ist. Obwohl wir die Gonorrhö oft mit anderen Jahrhunderten in Zusammenhang bringen, ist diese Krankheit auch heute noch weit verbreitet. Jährlich kommt es zu ca. 50 000 Neuinfektionen von Männern und Frauen in Deutschland. Wird sie nicht behandelt, kann sie Sterilität, Eileiterschwangerschaften und chronische Schmerzen verursachen. Außerdem kann sie zu Beckenentzündungen führen. Gonorrhö kann bei der Geburt von der Mutter auf das Kind übertragen werden und Augen-, Ohren- und Lungeninfektionen hervorrufen.

Die Symptome umfassen einen gelben, eiterartigen Ausfluss aus der Scheide, Schmerzen beim Urinieren, häufigen Harndrang, Schmerzen im Unterbauch und Blutungen zwischen den

Perioden. Gonorrhö kann jedoch auch ohne irgendwelche Symptome auftreten. Bei frühzeitiger Diagnose kann die Krankheit leicht mit Antibiotika geheilt werden. Diese sexuell übertragbare Krankheit ist hochgradig ansteckend und kann durch Kontakt mit Penis, Scheide, Mund oder After übertragen werden, auch wenn es nicht zur Penetration kommt. Beim Mann zählen Absonderungen aus dem Penis und Schmerzen beim Urinieren zu den typischen Symptomen.

Eine zweiundvierzigjährige leitende Angestellte eines Großunternehmens erzählte mir eine interessante Geschichte: Sie hatte gerade eine elfmonatige Beziehung hinter sich, als sie ihren Frauenarzt für ihre jährliche Untersuchung aufsuchte. Sie sagte ihrer Ärztin, dass sie möglicherweise eine Hefeinfektion habe. Ihre Ärztin erwiderte, dass sie zur Sicherheit eine ganze Reihe von Tests für *alle* sexuell übertragbaren Krankheiten durchführen würde. Dieses Beispiel ist für mich interessant, weil die Ärztin so schnell Tests für alle Krankheiten anbot, was zeigt, wie weit verbreitet sie sind. Die Betroffene hatte tatsächlich nur eine Hefeinfektion, war aber trotzdem froh zu hören, dass ansonsten alles in Ordnung war.

Eine Beckenentzündung ist meistens das Ergebnis des fortgeschrittenen Stadiums von Chlamydia oder Gonorrhö und eine der Hauptursachen für Unfruchtbarkeit bei der Frau. Das häufigste allgemeine Anzeichen einer Beckenentzündung sind Schmerzen im Unterbauch. Andere Symptome sind Blutungen zwischen den Perioden, eine Änderung der Ausflussmenge, Übelkeit oder Erbrechen und Fieber mit Schüttelfrost. Wenn eine Beckenentzündung rechtzeitig entdeckt wird, ist sie nicht lebensbedrohlich, aber wenn die Eileiter schon vor der Diagnose geschädigt wurden, kommt es zu bleibenden Folgen.

Syphilis ist eine sehr gefährliche Bakterieninfektion, sie kommt heute aber in der allgemeinen Bevölkerung relativ selten vor (jährlich zwischen 5000 und 10 000 Neuinfektionen). Wird Syphilis nicht behandelt, kann die Krankheit tödlich sein oder irreparable Schäden an Herz, Gehirn, Augen und Gelenken verursachen. Vierzig Prozent aller Babys von Müttern mit Syphilis sterben. Andere werden mit Missbildungen geboren

Die Symptome sind nicht schmerzende Geschwüre, Ausschlag an den Handflächen und Füßen und geschwollene Lymphknoten. Wenn ein Geschwür oder Ausschlag vorhanden ist, ist die Syphilis bei oralem, vaginalem und analem Sex sehr ansteckend, sie wird aber auch über offene Wunden der Haut übertragen. Bei frühzeitiger Diagnose ist Syphilis mit hohen Antibiotikadosen heilbar. Die Symptome beim Mann sind dieselben wie bei der Frau.

Trichomonaden sind amöbenartige Organismen, die beim Geschlechtsverkehr übertragen werden und eine Form der Scheidenentzündung verursachen. Nicht alle Formen der Scheidenentzündung werden sexuell übertragen, aber die Symptome sind ähnlich. Hefeinfektionen sind eine sehr häufige Form, die nicht unbedingt auf sexuellen Kontakt zurückzuführen ist. Eine Scheidenentzündung kann durch Scheidenduschen, die Einnahme von Antibiotika, Mangelernährung und Produkte wie Gleitmittel, Intimsprays und mechanische Mittel zur Verhütung verursacht werden. Auch Duftseifen, Deos, Waschmittel und Farbstoffe in der Unterwäsche oder Toilettenpapier können schuld sein. Die Symptome sind weißer oder grauer Ausfluss mit ungewöhnlichem Geruch, Juckreiz in oder um die Scheide herum, Schmerzen beim Sex und beim Wasserlassen. Die Erkrankung ist eher unangenehm als gefährlich. Sie lässt sich leicht durch verschreibungspflichtige Medikamente heilen.

Herpes ist ebenfalls eine häufig auftretende sexuell übertragbare Krankheit. Eine Steuerberaterin aus Milwaukee war überrascht darüber, wie sie sich den Virus zugezogen hatte. Sie erzählte, dass sie drei Jahre lang keinen Sex gehabt und dann mit einem Kollegen geschlafen hatte. Die beiden waren befreundet, und nach ein paar Drinks am Freitag nach der Arbeit gingen sie in ihre Wohnung und endeten schließlich zusammen im Bett. Knapp drei Wochen später bemerkte sie schmerzende, offene Geschwüre an ihren Schamlippen. Sie suchte ihren Arzt auf, der bestätigte, dass sie Herpes hatte. Anschließend rief sie ihren Freund an. Er war schockiert: Da er selbst nie einen Herpesausbruch gehabt hatte, wusste er gar nicht, dass er Träger des Virus war.

Es gibt zwei Arten von Herpesviren: den Herpes-simplex-Virus I (HSV I) und 2 (HSV 2). HSV 2 verursacht häufiger genitale Herpes, aber sowohl HSV 1 als auch 2 können genitale Herpes und Bläschen am Mund verursachen. Sichtbare Symptome sind schmerzhafte und/oder juckende Beulen oder Bläschen im Scheidenbereich oder im Inneren der Scheide und/oder am After. Beim Mann treten diese Bläschen im Genitalbereich auf, normalerweise an der Spitze des Penis.

Der Virus kann durch jede Schleimhaut, einschließlich der Augen, oder durch Hautwunden übertragen werden. Der erste Ausbruch von genitaler Herpes dauert meistens zwölf bis vierzehn Tage, während nachfolgende Ausbrüche kürzer und schwächer sind (sie dauern nur vier bis fünf Tage). Herpes ist hochgradig ansteckend, wenn es während eines Ausbruchs zu körperlichem Kontakt kommt, aber es kann auch zur Ansteckung kommen, wenn der Virus latent ist, wie der oben beschriebene Fall beweist. Für diesen Virus gibt es keine Heilung, obwohl sich oral eingenommene Medikamente als sehr erfolgreich bei der Minimierung der Symptome bei akuten Ausbrüchen und bei der Unterdrückung zukünftiger Ausbrüche erwiesen haben.

Wodurch ein erneuter Ausbruch ausgelöst wird, konnte noch

nicht genau herausgefunden werden. Studien deuten jedoch darauf hin, dass ein starker Zusammenhang zwischen Herpesausbrüchen und Stress besteht. Obwohl die Symptome für die Betroffenen sehr unangenehm sein können, besteht echte Gefahr nur für ungeborene Kinder oder für Menschen mit Immunschwächekrankheiten – beispielsweise Menschen, die unter HIV oder AIDS leiden. Herpes wird meistens bei der Entbindung übertragen und kann beim Neugeborenen schmerzhafte Bläschen und Schäden an den Augen, am Gehirn und an den inneren Organen verursachen. Eins von sechs Kindern, die mit Herpes geboren werden, überlebt nicht. Wenn bekannt ist, dass die Mutter Trägerin des Herpesvirus ist, können Schäden beim Kind durch einen Kaiserschnitt verhindert werden.

Bei **Genitalwarzen** handelt es sich um eine Infektion mit dem humanen Papillomavirus (HPV), eine Virenfamilie, die aus über siebzig verschiedenen Arten besteht. Genitalwarzen sind wahrscheinlich die häufigste sexuell übertragene Krankheit überhaupt. Bestimmte Formen verursachen sichtbare Genitalwarzen, andere nicht. Genitalwarzen sind Wucherungen, die auf der Vulva, in oder um Scheide und After herum und an Muttermund, Penis, Hodensack, in der Leistengegend oder an den Oberschenkeln auftreten können. Sie können erhaben oder flach sein, allein oder in Gruppen auftreten, groß oder klein sein. Alle sexuell aktiven Männer und Frauen können sich HPV zuziehen. Die Infektion geschieht durch direkten Kontakt bei vaginalem, oralem und analem Sex.

Es besteht bei vielen Unsicherheit bezüglich HPV und seiner Beziehung zu Muttermundkrebs. Es gibt zwei HPV-Arten, von denen man weiß, dass sie Muttermundkrebs verursachen, und verschiedene andere, die speziell Genitalwarzen, aber keinen Muttermundkrebs auslösen. Da der Virus jahrelang ruhen kann, gibt es für diese Krankheit keine Heilung. Genitalwarzen lassen sich durch Vereisen, Laseroperationen, chemische Peelings und Cremes behandeln. HPV-Arten, die keine Genitalwarzen verursachen, werden meistens nicht entdeckt, es sei denn, bei einem Abstrich wird eine Abnormität festgestellt. Die Infektion lässt sich bei der richtigen Diagnose in den Griff bekommen, und Muttermundkrebs hat hohe Heilungschancen, wenn er in den frühesten Stadien erkannt wird. Aus diesem Grund ist es wichtig, dass Frauen sich regelmäßig vom Gynäkologen untersuchen lassen.

Untersuchungen lassen darauf schließen, dass dreißig Prozent sexuell aktiver Menschen HPV-Träger sind. Dieser Anteil ist in bestimmten Altersgruppen und an bestimmten Orten sogar noch höher. Bei Männern können sich die schmerzlosen Wucherungen, die normalerweise am Penis auftreten, auch an der Harnröhre oder am Rektum zeigen.

Hepatitis B ist eine Erkrankung der Leber. Mindestens zwei Auslöser von Hepatitis können sexuell übertragen werden – der Hepatitis-B-Virus (HBV) und Hepatitis C (HCV). Diese Infektionen sind nicht heilbar und viel ansteckender als HIV. Der Virus wird durch infiziertes Sperma, Scheidenabsonderungen und Speichel übertragen und geht auch leicht von der Mutter auf ihr ungeborenes Kind über. Man kann sich bei vaginalem, oralem und analem Sex mit Hepatitis B infizieren. Eine Ansteckung ist auch über offene Wunden oder Schnittverletzungen möglich. Wenn bei Ihnen zu Hause jemand infiziert ist, können Sie sich durch die Verwendung desselben Rasierers oder derselben Zahnbürste anstecken. Man kann sich die Krankheit sogar zuziehen, wenn man die Ohrringe eines Infizierten trägt.

Bei der leichtesten und häufigsten Form der Krankheit weiß der Betroffene meistens nicht einmal, dass er infiziert ist, doch bei einigen Trägern kommt es zu Leberzirrhosen und/oder Leberkrebs. Das Risiko, an Leberkrebs zu erkranken, ist zweihundert Mal höher, wenn diese Virusinfektionen vorliegen. Wenn die Symptome auftreten, ähneln sie stark einer Magen-Darm-Grippe. Suchen Sie sofort Ihren Arzt auf, wenn Sie unter Übelkeit, unerklärlicher Müdigkeit, dunklem Urin oder einer Gelbfärbung von Augen und Haut leiden. Die Behandlung der Krankheit besteht in Ruhe und eiweiß- und kohlehydrathaltiger Ernährung.

Es gibt eine Hepatitis-B-Impfung, die aus einer Reihe von Impfungen in den Arm besteht. Um sicher geschützt zu sein, müssen alle drei Impfungen erfolgen. Hepatitis B kommt hauptsächlich bei jungen Männern und Frauen im Teenager- und Twenalter vor, aber wenn man sich einmal infiziert hat, ist man sein Leben lang Träger der Krankheit. In Deutschland kommt es jährlich zu 5000 bis 10000 Neuinfektionen mit Hepatitis B. Nicht alle Ärzte und im Gesundheitsdienst Tätige sind sich dieses zunehmenden Problems bewusst, und Sie sollten keine Angst haben, um eine Impfung zu bitten.

HIV und AIDS – kein Ende in Sicht

AIDS wird durch eine Infektion mit dem humanen Immunschwächevirus (HIV) verursacht. Wenn der HIV-Test positiv ausfällt, heißt das, dass das Abwehrsystem des Betroffenen HIV ausgesetzt war und eine Immunreaktion ausgelöst hat. HIV und AIDS sind nicht dasselbe, sondern das eine geht dem anderen voraus. Man kann ohne HIV-Infektion nicht an AIDS erkranken. Man kann jedoch einen positiven HIV-Test haben, ohne dass AIDS diagnostiziert wird.

Eine AIDS-Diagnose wird gestellt, wenn beim Betroffenen Folgendes zutrifft:
1) Ein positiver HIV-Test und eine AIDS-definierende opportunistische Infektion. Es gibt etwa fünfundzwanzig bekannte opportunistische Infektionen.

2) Ein positiver HIV-Test und weniger als 200 T-Zellen pro Kubikmilliliter Blut.

3) Ein positiver HIV-Test und Lungentuberkulose, invasiver Muttermundkrebs oder eine wiederkehrende bakterielle Lungenentzündung.

HIV greift das Immunsystem an, sodass der Körper nicht mehr in der Lage ist, allgemeine Erkrankungen oder andere Krankheiten zu bekämpfen. In Deutschland sind 35 000 bis 45 000 Menschen im Alter zwischen 20 und 40 Jahren mit HIV infiziert. Jährlich kommen ca. 2000 hinzu.

Eine HIV-Infektion kann durch Blut, Sperma und Scheidenabsonderungen und an Säuglinge durch die Muttermilch übertragen werden. Durch Berührungen, Essen, Husten, Mücken, Toilettenbrillen, Schwimmbäder und Blutspenden wird HIV NICHT übertragen. Selten kommt es zur Übertragung durch das Küssen eines Infizierten; es ist dabei wahrscheinlicher, dass durch Küssen die Infektion durch Blut und nicht durch Speichel erfolgt, was das Ergebnis äußerst schlechter Mundhygiene ist (mit anderen Worten: durch offene Geschwüre im Mund). HIV ist kein Virus, der durch Tröpfcheninfektion und normalen Kontakt übertragen wird.

Bei HIV treten normalerweise keine Symptome auf. Man kann mit dem Virus infiziert sein und sich jahrelang großartig fühlen. Leider führt der Virus letztlich fast immer zu AIDS, und da das Immunsystem versagt, können die Symptome von AIDS von einer Erkältung bis zum Krebs reichen. Obwohl AIDS nicht geheilt werden kann, gibt es neue Medikamente, die die Wirkung von HIV auf das Immunsystem dramatisch verlangsamen. Jeder sexuell aktive Mensch sollte einen HIV-Test durchführen lassen und die für ein negatives Ergebnis erforderlichen sechs Monate abwarten, bevor er Sex ohne Kondom hat. (Es muss ein Kondom für den Mann sein.)

Leider reicht es nicht immer aus, den Versprechungen des Partners zu glauben. Viele Menschen wurden von ihren Partnern belogen, die erklärten, HIV-negativ zu sein, was nicht stimmte. Sharon, die Freundin eines Seminarteilnehmers, hatte eine stürmische Liebesaffäre mit einem Sportjournalisten und heiratete ihn bei einer romantischen Zeremonie. Kurz nach ihrer Rückkehr aus den Flitterwochen wunderte sie sich über sein plötzliches mangelndes Interesse an Sex. Nach ein paar Monaten wurde ihre Ehe immer schlechter, und bevor ein Jahr vergangen war, ließen die beiden sich scheiden. Sharon war zu diesem Zeitpunkt allerdings schon schwanger. Obwohl ihr Ex-Mann sich darauf freute, Vater zu werden, ließ seine anfängliche Begeisterung nach, und er besuchte seine kleine Tochter immer seltener.

Als Sharon eines Tages im Fernsehen ein Interview zwischen Dan Rather und einem Mann sah, der an AIDS starb, traf sie fast der Schlag. Obwohl das Gesicht des Mannes von der Kamera nicht aufgenommen und seine Stimme verändert wurde, erkannte Sharon auf Grund seiner Bewegungen und an dem Pullover, den sie ihm zu Weihnachten geschenkt hatte, dass es sich bei diesem sterbenden Mann um ihren Ex-Mann und den Vater ihrer Tochter handelte. Am nächsten Tag ließ sie sich testen und wurde ebenfalls als HIV-positiv diagnostiziert.

Es ist sehr wichtig, dass Sie sich das Ergebnis des HIV-Tests Ihres Partners und all seiner Tests für sexuell übertragbare Krankheiten zeigen lassen, speziell, wenn Sie ihn nicht gut kennen (aber auch, wenn Sie ihn gut kennen, sollten Sie dies tun). Genauso wichtig ist es, dass er die Ergebnisse Ihrer Tests sieht. Statt darauf zu warten, dass er Sie darum bittet, sollten Sie ihm die Ergebnisse als Zeichen des guten Willens zeigen, damit er für Sie dasselbe tut. Wenn Ihr Partner sich weigert, Ihnen seine Testergebnisse zu zeigen, weigern *Sie* sich, ungeschützten Sex mit ihm zu haben. Bedenken Sie, dass es Ihre Gesundheit und möglicherweise Ihr Leben ist, das durch seine Geheimnistuerei betroffen ist. Wenn jemand tatsächlich *gesund* ist, wird er kein Geheimnis daraus machen wollen.

Wenn Sie einen HIV-Test durchführen lassen, sollten Sie sich des Unterschieds zwischen *vertraulich* und *anonym* bewusst sein. Wenn Sie einen anonymen Test durchführen lassen, werden Sie nur anhand einer Zahl oder durch Buchstaben identifiziert, nicht durch Ihren Namen, Ihre Versicherungsnummer oder andere zur Identifikation dienende Informationen. Nach Abnahme der Blutprobe bestätigen Sie, dass die Zahlen und Buchstaben auf dem Fläschchen und die auf Ihrem Identifikationszettel dieselben sind. Eine Woche später suchen Sie die Stelle, wo der Test durchgeführt wurde, wieder auf und lassen sich das Ergebnis mitteilen. Das Ergebnis wird nicht telefonisch weitergegeben.

Bei einem vertraulichen Test sind die Ergebnisse zwar geheim, aber ihre Vertraulichkeit wird durch die Integrität jener, die Zugriff auf die Informationen haben, eingeschränkt. Im letzten Jahr stahl beispielsweise der Mitarbeiter einer Klinik eine Liste mit den Namen von Personen, bei denen der HIV-Test positiv ausgefallen war, und verkaufte sie in einer örtlichen Bar. So viel zu vertraulichen Tests.

Ich möchte einige wichtige Hinweise zu HIV/AIDS geben:
1. Es gibt mehrere HIV-Virusarten. Wenn jemand bereits positiv ist, kann er also auch noch mit einer anderen Form des Virus infiziert werden, was bei ihm sogar noch schneller passiert, da sein Immunsystem ja bereits geschwächt ist.
2. HIV-positiv bedeutet, dass Sie dem HIV-Virus ausgesetzt waren, der AIDS verursacht. Ihr Körper zeigt eine positive Immunreaktion auf den HIV-Virus. Es gibt eine standardisierte Definition zur Diagnose von AIDS, sodass Ärzte zwischen einem positiven HIV-Test und AIDS unterscheiden können.

3. Manche Arten sind gefährlicher als andere. Abhängig von der Virulenz der Art kann es fast sofort zur AIDS-Erkrankung kommen.

4. Nach einem Risikoverhalten sollte man vor einem Test sechs Monate lang warten, da es bis zu sechs Monate dauern kann, bis die Antikörper in einem Test nachgewiesen werden können. Bei den meisten Infizierten (95 Prozent) ist das Testergebnis innerhalb von drei Monaten nach der Infektion positiv.

5. Man geht davon aus, dass 50 Prozent der HIV-positiven Menschen nicht von ihrer Infektion wussten.

6. Eine opportunistische Infektion ist eine lebensbedrohliche Infektion, die bei einem gesunden Menschen nicht gefährlich wäre, doch bei einem Patienten mit einem geschwächten Immunsystem »nutzt« die Infektion die »Gelegenheit«, das bereits geschwächte System anzugreifen. Wenn ein Mensch sich beispielsweise einer Chemotherapie zur Krebsbehandlung unterzieht, besteht das Risiko einer opportunistischen Infektion. Opportunistische Infektionen sind *nicht* alle möglichen Infektionen; sie werden durch eine begrenzte Zahl an Pilzen, Protozoen, Bakterien und Viren verursacht.

Kondom-Manie

Ich habe hier nur die häufigsten sexuell übertragbaren Krankheiten angesprochen, aber man kennt insgesamt über fünfzig. Meine Informationen sollen Ihnen keine Angst einjagen, sondern Sie vielmehr bestärken. Niemand sollte Angst davor haben, beim Sex für seine Gesundheit zu sorgen. Vielmehr hoffe ich, dass sicheres und vorsichtiges Verhalten in sexuellen Dingen durch diese Informationen zu einer Sache des Selbstrespekts werden. Es gibt keine Entschuldigung dafür, in einer Beziehung mit einem Menschen, bei dem Sie sich nicht hundert

Prozent sicher sind, dass er gesund ist, nicht Safer Sex zu praktizieren.

Sie fahren nicht ohne Haftpflichtversicherung, und Sie haben wahrscheinlich eine Lebens- oder Hausratversicherung. Kondome aus Latex sind die beste Sexversicherung, die uns zur Verfügung stehen. Wenn es um den Schutz vor einer Schwangerschaft geht, können Sie das Verhütungsmittel einige Male vergessen, ohne dass etwas passiert. Aber es ist nur *eine* Begegnung ohne Schutz nötig, um sich mit einer sexuell übertragbaren Krankheit zu infizieren. Lohnt es sich, Ihr Leben aufs Spiel zu setzen?

Geheimtipp aus Lous Archiv

Unsere sexuellen Beziehungen sollten immer perfekte Beispiele für das Bitten und Geben von Erlaubnis sein. Beide Partner müssen diesen Respekt aufrecht erhalten. Gehen Sie nicht einfach davon aus, dass Sie einfach so nach einem bestimmten Körperteil greifen dürfen. Fragen Sie lieber erst, ob Sie dürfen.

Ein Kondom wählen

Es stehen viele Kondome zur Auswahl, aber nicht alle haben dieselbe Qualität.

Kondom-Tipps

• Auch wenn Sie etwas anderes gelesen haben – Spermizide, die *Nonoxynol-9* enthalten, dienen dazu, das Risiko unerwünschter Schwangerschaften zu reduzieren und *nicht* das Risiko sexuell übertragbarer Krankheiten. Spermizide sollten immer nur *zusätzlich* zu Kondomen und nicht an ihrer Stelle verwendet werden. Nonoxynol-9 ist eine waschmittelartige Substanz, die sich NUR in *Labortests* als effektives Mittel zum Abtöten von HIV erwiesen hat. Bisher steht noch nicht fest, dass Nonoxynol-9 HIV beim Menschen abtötet. Ich habe mir jedoch von vielen Frauen sagen lassen, dass sie ihre chronischen Scheiden- und/oder Blaseninfektionen auf diese stark irritierende Substanz zurückführen, die in einigen Cremes, Gels, Gleitmitteln und auf Kondomen vorhanden ist.

- Kaufen Sie keine Kondome, die in China oder Korea hergestellt wurden, wo oft Latex schlechter Qualität verwendet wird.
- Seien Sie bei Kondom-«Neuheiten» (z.B. Kondome, die im Dunkeln leuchten) vorsichtig. Sie dienen nicht zum Schutz vor Schwangerschaften oder sexuell übertragbaren Krankheiten.

Kondome können platzen

Jedes Kondom kann während des Geschlechtsverkehrs aus den verschiedensten Gründen platzen. Denken Sie bei der Verwendung von Kondomen an folgende Dinge:

- Wenn Kondome platzen, ist dies immer auf die falsche Handhabung zurückzuführen. So wurde die Folie beispielsweise mit den Zähnen geöffnet, Kondome wurden längere Zeit im Geldbeutel herumgetragen, oder es wurde ein Gleitmittel auf Ölbasis verwendet.
- Bei einer von Dr. Bruce Voeller, dem Gründer der Mariposa-Stiftung, durchgeführten Untersuchung wurde festgestellt, dass Männer, bei denen Kondome ständig platzten, eine ganz alltägliche Handlotion als Gleitmittel verwendet hatten. Ein Gleitmittel muss eine Wasserbasis haben, und die meisten Handlotionen enthalten irgendeine Form von Öl. Öl ist der Todfeind jedes Latexkondoms, weil es das Mate-

rial sofort zersetzt. Daher ist es äußerst wichtig, die Inhalts-stoffe einer Lotion sorgfältig zu überprüfen, bevor sie zusammen mit einem Latex-Kondom verwendet wird. Noch besser ist es natürlich, ein speziell für diesen Zweck *gedachtes* Gleitmittel zu verwenden, statt nach der nächsten Lotionsflasche im Badezimmer zu greifen. Das Mittel *muss* eine Wasserbasis haben. (Im nächsten Kapitel finden Sie umfassendere Informationen zu Gleitmitteln.)

- Frauen, die ungeschützten Sex hatten, nennen dafür als häufigste Entschuldigung, dass der Partner kein Kondom mag, weil es das Vergnügen für den Mann schmälert. Ich will Ihnen nichts vormachen – Männer bestätigen wirklich, dass es so ist. Doch wenn Sie beide den Zeitraum von sechs Monaten abgewartet haben, können Sie ohne Sorge andere Methoden der Verhütung wählen. Das Empfindungsvermögen Ihres Partners ist bei der Verwendung von Kondomen möglicherweise etwas geringer, aber Sie können ihn jederzeit manuell befriedigen, vorausgesetzt Ihre Hände sind frei von Abschürfungen oder offenen Wunden.

- Eine Entschuldigung, die von Männern in meinen Seminaren vorgetragen wird, ist, dass ihr Penis zu groß ist, um in die erhältlichen Kondome zu passen. Wenn ein Mann dies sagt, weiß ich eine einfache, aber sehr effektive Antwort: Öffnen Sie eine Packung mit einem ganz normalen Kondom, krümmen Sie die Finger und entrollen Sie das Kondom über der Hand (achten Sie dabei auf Ihre Nägel). Ziehen Sie es herunter und dehnen Sie es, sodass es den ganzen Unterarm bedeckt und über den Ellbogen hinaus reicht (glauben Sie mir, das *geht*). Danach frage ich den Betroffenen, wie viel größer sein Penis noch ist. Wenn ich dies in den Seminaren für meine weiblichen Teilnehmer vorführe, gibt es immer viel Gelächter.

- Manche Männer fühlen sich mit einem größeren Kondom wohler. Wenn Ihr Partner einen dicken, breiten Penis hat, sitzt ein normales Kondom möglicherweise ein wenig zu eng am Ende des Schafts oder an der Spitze. Es gibt keinen Grund, warum er darunter leiden sollte. Für diese Männer gibt es Kondome in größeren Größen.

Die italienische Methode

Es gibt eine Methode, bei der ein Mann garantiert nichts gegen das Aufziehen eines Kondoms einzuwenden haben wird. Ich bezeichne sie als »italienische Methode«, doch im Grunde ist es ein alter Trick, der von Frauen seit der Erfindung des Kondoms verwendet wird. Es handelt sich also nicht um die Neuerfindung des Rades, sondern um seine Neubenennung. Der Name hat nichts mit italienischen Männern, einem ehemaligen italienischen Freund oder irgendetwas Italienischem zu tun. Ich brauchte einfach einen Codenamen, der in höflicher Gesellschaft akzeptabel war.

Einfach ausgedrückt ist die italienische Methode das Überziehen eines Kondoms mit dem Mund, und Männer sind absolut verrückt danach. Eine achtunddreißigjährige Computerexpertin aus Dallas beschrieb es so: »Ich habe es immer gehasst, Kondome überzuziehen, da dadurch die Stimmung etwas litt. Aber wenn ich die italienische Methode anwende, geschieht genau das Gegenteil! Ich komme dadurch sogar noch *mehr* in Stimmung für Sex.«

Geheimtipp aus Lous Archiv

Wenn sein Schamhaar für Sie zu dicht ist, könnten Sie es etwas zurechtstutzen und dies sogar zum Teil Ihres Vorspiels machen.

Vor ein paar Jahren suchte mich eine Frau auf, die sich sehr unsicher war, was guten Safer Sex mit ihrem neuen Freund anbelangte. Sie war damals zweiundfünfzig Jahre alt und Modedesignerin. Sie und ihr Partner hatten das Ganze gründlich diskutiert und vereinbart, ihre sexuelle Beziehung verantwortungsbewusst anzugehen, aber sie war kürzlich geschieden worden und war mit der Kondom-»Etikette« der neunziger Jahre überhaupt nicht vertraut. Sie stellte viele Fragen, so unter anderem auch, wer das Kondom mitbringen würde. Wir unterhielten uns Stunden über dieses Thema, wobei ich auch die italienische Methode vorstellte. Als sie schließlich ging, um sich mit ihrem Partner zu ihrem ersten intimen Beisammensein zu treffen, steckte sie voller Selbstbewusstsein. Nicht nur, weil sie auf diese Weise ein Kondom würde aufziehen können, sondern auch, weil Verantwortungsbewusstsein in sexuellen Dingen irgendwie erregend ist.

Als es zu ihrer ersten sexuellen Begegnung kam, holte er ein Kondom hervor (obwohl sie in ihrer Toilettentasche ebenfalls einen kleinen Vorrat hatte) und fragte verlegen: »Weißt du, wie man damit umgeht?«

Die Frau schaute ihn an und antwortete ehrlich: »Nur mit meinem Mund.«

Er traute seinen Ohren nicht und bat sie, es zu wiederholen. Wieder sagte sie: »Nur mit meinem Mund.« Als er sie fragte, woher um alles in der Welt sie diesen Trick kannte, erwiderte sie, dass sie an einem Kurs für Sextechniken und sexuelle Sicherheit teilgenommen hatte. Sie sagte die Wahrheit, weil Spaß und Sinnlichkeit ihrer intimen Beziehung nicht unter der vernünftigen Einstellung leiden sollten, den Sex so risikofrei wie möglich zu gestalten. Er war überwältigt von ihrer Beherrschung der italienischen Methode und der Mühe, die sie sich gemacht hatte, um ihre intime Beziehung zu etwas Besonderem zu machen. Obwohl sie jetzt seit fast vier Jahren zusammen sind, ist er noch immer überzeugt, dass das, was er an jenem Tag über ihren Charakter lernte, dazu geführt hat, dass er sich so sehr in sie verliebte.

Obwohl ich diese Geschichte immer wieder gerne erzähle, möchte ich darauf hinweisen, dass ich viel Zeit mit dieser Frau verbracht und ihr viel Gelegenheit gegeben habe, am Anfang auch Fehler zu machen, denn die italienische Methode erfordert *einige* Praxis (ich schlage vor, einen Dildo oder eine Salatgurke zum Üben zu verwenden). Aber eins dürfen Sie mir glauben: die Wirkung, die Sie damit bei Ihrem Partner hervorrufen, wird ewig anhalten. Ein Drehbuchautor aus Los Angeles meinte: »Es ist total heiß! Ich kann ihre Brüste bewundern, während sie sich den unteren Bereichen zuwendet, und ich liebe die Hitze und den Druck ihres Mundes, während sie das Kondom aufzieht. Ich habe dann immer das Gefühl, dass wir die Stars unseres eigenen erotischen Films sind.«

Doch bevor Sie anfangen, sollten Sie sich merken, dass nur Kondome aus Latex für die italienische Methode verwendet werden sollten. Kondome aus »Naturmaterialien« schmecken nicht nur scheußlich, sondern ihr einziger Wert liegt im Schutz vor Schwangerschaften. Kondome aus Naturmaterialien werden aus Tiermembranen hergestellt, und dieses Gewebe hält die viel größeren Samenzellen, aber nicht die winzigen Viruspartikel auf, die Sie infizieren könnten.

Geheimtipp aus Lous Archiv

Meine Damen, wenn Sie die italienische Methode praktizieren, entfernen Sie bitte Lippenstift oder Lipgloss, da das Öl ein Latexkondom zersetzt, sodass die Schutzwirkung verloren geht.

Und so wenden Sie die italienische Methode an

Für diese Methode sind zwei Dinge nötig: 1) formen Sie die Lippen so, als wollten Sie Flöte spielen (das sieht etwa so aus wie ein Baby, das küsst), und 2) bedecken Sie die Zähne mit den Lippen, wenn Sie den Mund öffnen.

Die italienische Methode besteht aus *sechs Schritten*, von denen keiner vergessen oder ausgelassen werden darf.

Schritt 1. Feuchten Sie die Lippen mit einem durchsichtigen Gleitmittel auf Wasserbasis an (obwohl ein farbiges Gleitmittel nicht schadet, wollen Sie wahrscheinlich nicht unbedingt wie ein Zirkusclown aussehen). Sie können das Gleitmittel selbst auf die Lippen auftragen oder Ihren Partner darum bitten.

Schritt 2. Eine Packung mit drei Kondomen sollte ausreichen. Kaufen Sie keinen Riesenvorrat, da Männer daraus die falschen Schlüsse ziehen könnten. Nehmen Sie das Kondom aus der Packung, und bringen Sie es zum Entrollen in Position. Wenn Sie das Reservoir zwischen Daumen und Zeigefinger halten und das Kondom an die Form eines Sombreros erinnert, ist es in der korrekten Position, um richtig entrollt zu werden. Wenn die Kanten des Sombreros nach unten gebogen sind, werden Sie es nicht überziehen können.

Schritt 3. Wenn das Kondom in der richtigen Position ist, drehen Sie es um, sodass es wie ein umgekehrter kleiner Sombrero aussieht. Geben Sie einen Klacks* Gleitmittel auf Wasserbasis in das Reservoir am Ende des Latexkondoms (und *nur* dort

---

* Ein Klacks sollte in diesem Fall etwa die Größe einer weißen Bohne haben. Wenn Sie mehr verwenden, wird der Penisschaft zu rutschig, und das Kondom könnte im unpassenden Augenblick abrutschen.

hinein), so als würden Sie es in den Finger eines Gummihandschuhs geben. Das Gleitmittel erfüllt hier zwei Funktionen: Es lässt das Kondom leichter über den empfindlichsten Teil des Penis (die Eichel) gleiten, sodass nicht das Gefühl entsteht, es sei dort festgeklebt, worüber Männer sich so oft beklagen. Außerdem kann sich das Kondom dadurch während der sexuellen Aktivität besser bewegen, was die Empfindung für ihn erhöhen wird.

Anmerkung: Die Schritte 4, 5 und 6 müssen schnell durchgeführt werden, damit das Gleitmittel nicht heraus und über den Penisschaft läuft.

Schritt 4. Formen Sie die Lippen so, als wollten Sie jemanden küssen, aber die Lippen dürfen sich dabei nicht berühren. Sie sehen für einen Augenblick wahrscheinlich wie ein Chorknabe aus, aber das ist nur vorübergehend. Stecken Sie das Kondom in den Mund, wobei die mit Gleitmittel versehene Seite in seine Richtung zeigt. Saugen Sie es etwas an, damit es an Ort und Stelle bleibt. Der Rand des Sombreros befindet sich außerhalb Ihrer geschürzten Lippen und nicht im Mund.

Schritt 5. Halten Sie den Penisschaft mit einer Hand fest, und bringen Sie Ihren Mund am oberen Ende des Penis in Position.

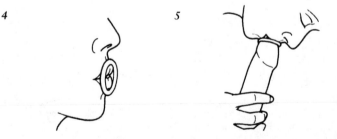

4   5

Wenn Sie sich zu langsam bewegen, wird das Gleitmittel heraustropfen. Reduzieren Sie die Saugstärke nur ein wenig, sodass das Kondom auf der Eichel aufliegt, während Sie es vorsichtig mit der Zunge nach unten drücken, um Luftblasen zu entfernen.

Schritt 6. Bleiben Sie in dieser Position, bedecken Sie die Zähne schnell mit Ihren gut angefeuchteten Lippen, und drücken Sie in einer vorsichtigen, aber festen Bewegung auf den Rand des Kondoms, um es den Penisschaft hinunter zu entrollen. Dies funktioniert nur, wenn Ihre Lippen die Zähne fest abdecken. Ist dies nicht der Fall, könnten Sie ihm wehtun, und außerdem hätten Sie dann nicht die Kraft, das Kondom schnell nach unten zu drücken. Die Lippen müssen durch die verdeckten Zähne unterstützt werden, damit diese Technik wirkungsvoll eingesetzt werden kann. Wenn Sie das Kondom mit den Lippen nicht ganz entrollen können, ist das nicht weiter schlimm. Nur wenigen Frauen gelingt dies gleich auf Anhieb. Entrollen Sie es so weit, wie es für Sie angenehm ist, und erledigen Sie den Rest mit den Fingern, indem Sie das Okay-Zeichen (Zeigefinger und Daumen bilden dabei einen Ring) machen und den Rest des Kondoms entrollen. Manche Frauen sagen, dass die Empfindung,

6

die durch das kühle Gleitmittel im Reservoir am Ende des Kondoms hervorgerufen wird, sie zum Würgen reizt, wenn sie den Penisschaft zu weit in den Mund nehmen. Sollte das bei Ihnen der Fall sein, entrollen Sie es einfach wie oben beschrieben zu Ende.

Ich möchte wiederholen, dass die italienische Methode einiger Übung bedarf, aber sie kann viel Spaß bereiten und ist sehr sinnlich, wenn Sie den Bogen erst einmal raushaben.

»Normalerweise geht meine Erektion um etwa fünfzig Prozent zurück, während ich mit dem Kondom herumfummle. Aber als meine Partnerin es mit dem Mund aufzog, ist mir das nicht passiert! Ich konnte es kaum glauben«, erklärte ein Börsenhändler aus Cleveland.

Wenn Ihnen die Methode nicht gefällt, sollten Sie sich keinesfalls gezwungen sehen, sie in ihr Repertoire aufzunehmen, aber denken Sie daran, dass es keine gute Entschuldigung dafür gibt, kein Kondom zu verwenden. Sagen Sie einfach, dass Sie Sex ohne Kondom nicht zustimmen, bis Sie *beide* durch die entsprechenden Tests ihre Gesundheit nachweisen können.

Geheimtipp aus Lous Archiv

Wenn Sie ein Latexkondom für die italienische Methode benutzen, sollten Sie keine Marken wählen, die mit einem Spermizid beschichtet sind. Es schmeckt scheußlich und verursacht ein vorübergehendes Taubheitsgefühl im Mund.

Im nächsten Kapitel werden Sie sehen, wie ein Gleitmittel das Vergnügen bei fantastischem Sex noch erhöhen kann, ohne dass die Sicherheit aufs Spiel gesetzt wird. Sicherheit ist wichtig, aber sie muss nicht die Stimmung verderben oder die elektrisierende Spannung, die zwischen Ihnen und Ihrem Partner besteht, schmälern. Betrachten Sie die Informationen als Ausdruck des Respekts für sich selbst und Ihren Partner.

5. Kapitel

Gleitmittel oder kein Gleitmittel?

Das ist *keine* Frage

»Ich hätte nie gedacht, dass man so viel
mit so wenig erreichen kann.«
Seminarteilnehmer, 32 Jahre alt

Sie kam eigentlich durch Zufall darauf. Eine jung verheiratete Frau stellte fest, dass sie auf Grund der Verhütungsmethode, die sie jetzt verwendete, unter Trockenheit in der Scheide litt. Nachdem sie sich schnell geduscht hatte, beschloss sie, etwas Gleitmittel aufzutragen, bevor sie sich zu ihrem Mann ins Bett begab. Die beiden begannen, sich zu küssen, und, wie es oft geschieht, glitt seine Hand hinunter zu ihrem Genitalbereich. Er war *so* stolz und erregt durch die offensichtliche Wirkung, die seine Küsse auf sie hatten, dass sie es nicht übers Herz brachte, ihm zu sagen, dass die Feuchtigkeit nicht nur auf ihn zurückzuführen war. Er liebte sie an diesem Abend so leidenschaftlich, dass sie jetzt, nach zehnjähriger Ehe, *immer noch* heimlich Gleitmittel bei sich aufträgt, bevor sie sich lieben. Er glaubt noch immer, dass seine Küsse eine wahre Flut auslösen, und sie hat weiterhin den Nutzen davon.

Obwohl ich grundsätzlich nichts davon halte, wenn einer

dem anderen etwas vormacht, scheint es mir in diesem speziellen Fall doch relativ harmlos zu sein, zumal sie zusätzlich eine Flasche Gleitmittel im Nachttisch aufbewahrt, das beide offen benutzen, wenn ihnen danach ist. Aus diesem und vielen anderen Gründen bin ich der Meinung, dass Gleitmittel ein wahrer *Schatz* sind. Ich kenne keinen anderen Artikel, der das Vergnügen mehr erhöht und sexuelle Techniken so sehr verbessert wie ein Gleitmittel. Daher staune ich immer wieder, wie viele Frauen die Freude, die eine solche kleine Flasche bringen kann, erst noch entdecken müssen. Diejenigen unter Ihnen, die noch nie ein Gleitmittel ausprobiert haben, dürfen sich auf einen neuen Genuss freuen. Ein neununddreißigjähriger Unternehmer aus Sacramento meinte: »Ich hätte nie gedacht, dass sich ihre Hand so gut anfühlen kann.«

Viele Frauen in meinen Seminaren meinen, dass die Verwendung eines Gleitmittels in gewisser Weise ein schlechtes Licht auf sie wirft. Sie haben Angst, dass ihr Partner meinen könnte, er sei nicht in der Lage, sie auf natürliche Weise zu erregen, wenn sie mitten beim Liebesspiel eine Flasche Gleitmittel hervorholen. Eine Frau brachte es auf den Punkt: »Ich benutze es nicht jedes Mal, sondern nur hin und wieder, um eine körperliche Starthilfe zu haben, wenn ich mental schon so weit bin.« Auch Männer sagen oft, dass sie zögern, während des Liebesspiels ein Gleitmittel zu benutzen. Sie haben Angst, dass wir Frauen meinen könnten, *sie* seien nicht erregend genug, um die Säfte bei *uns* zum Fließen zu bringen.

Geheimtipp aus Lous Archiv

Frauen werden auf ganz natürliche Weise feucht, wenn sie schlafen. Es hat also wahrscheinlich gar nichts damit zu tun, was er mit Ihnen macht.

Ich kann Ihnen sagen, dass beide Szenarien nicht korrekt sind. Die Tatsache, dass wir Frauen die Fähigkeit haben, bei sexueller Erregung von allein feucht zu werden, ist einfach nur eins der vielen Geschenke von Mutter Natur. Sie sorgt damit dafür, dass der Geschlechtsverkehr für beide Partner angenehm ist. Natürlich zieht sie Dinge wie Antibiotika, Alkoholgenuss oder eine salzhaltige Ernährung, die ihr Wirken stören können, nicht in Betracht, aber so ist es nun einmal. Mutter Natur wusste auch nicht, dass wir Menschen Wege finden würden, sexuelle Begegnungen so intensiv zu gestalten, dass sie stundenlang andauern und nicht nur aus direktem Geschlechtsverkehr bestehen. Außerdem wusste sie nicht, dass wir hin und wieder aus einer Laune heraus Sex haben, *ohne* uns die entsprechende Zeit zu nehmen und abzuwarten, bis wir natürlich feucht werden.

Aus diesen Gründen wurden also Gleitmittel erfunden, die die Natur nicht ersetzen, sondern unterstützen wollen. Schließlich ist jede Frau anders und wird nicht ganz genauso und aus denselben Gründen wie andere feucht werden. Was uns wie sehr erregt, ändert sich ständig. Glauben Sie mir – wenn Sie ein Gleitmittel verwenden, wird Ihr Partner es Ihnen danken. Ein zweiundvierzigjähriger Geschäftsmann aus New York meinte: »Ich werde eine Werkzeugtasche erfinden – mit Gleitmittel in der einen Tasche und einem Vibrator in der anderen.«

Das richtige Gleitmittel für Sie

Es gibt nicht nur biologische Gründe für die Verwendung eines Gleitmittels. Es lässt sich nicht abstreiten, dass sie auch sehr viel Spaß machen. Eine Seminarteilnehmerin genießt die Verwendung von Gleitmittel so sehr, dass Sie Ihren Mann nur im Büro anrufen und die Flasche Gleitmittel in Hörernähe öffnen muss. Da er den Klang kennt und weiß, was er zu bedeuten hat, kann sie sicher sein, dass er alles tun wird, um sobald wie möglich nach Hause zu kommen. Beide bezeichnen das Ganze als ihr »telefonisches Vorspiel«.

Doch bevor Sie den Spaß von Gleitmittel und seiner Anwendung kennen lernen, möchte ich Ihnen einige Hinweise geben, wie Sie das richtige Gleitmittel für Ihre Bedürfnisse finden. Wenn Sie schon einmal in einem Sexshop waren, wissen Sie, dass VIELE Mittel zur Auswahl stehen – auf Wasser- oder Ölbasis, mit und ohne Geschmack, farbig, durchsichtig, flüssig und in Gelform. Das kann schon etwas überwältigend sein.

Bei der Wahl eines Gleitmittels sollten Sie deshalb an einige Dinge denken:

- Sie wissen bereits, dass Öl und Latex nicht zusammen passen. Öl zersetzt das Latex im Kondom, sodass es platzt. Ein Gleitmittel auf Ölbasis ist gut für manuellen Sex, aber wenn Sie Geschlechtsverkehr mit Kondom haben wollen, sollten Sie ein Gleitmittel auf Wasserbasis wählen. Wenn Sie feststellen, dass ein solches Gleitmittel auf Grund der Verdunstung mit der Zeit etwas klebrig oder dick wird, reichen ein paar Tropfen Wasser, um den ursprünglichen Zustand wiederherzustellen. Es gibt also mehr als einen Grund, ein Glas Wasser auf den Nachttisch zu stellen.

- Lesen Sie die Gebrauchsanweisung des Gleitmittels *immer* ganz. Das Großgedruckte allein ist manchmal etwas irreführend. Wenn bei den Inhaltsstoffen irgendwo das Wort »Öl« aufgeführt wird, hat das Produkt wahrscheinlich keine Wasserbasis. Wenn Sie empfindlich sind oder schnell unter Reizungen leiden, achten Sie auf das Spermizid Nonoxynol-9. Es kann sowohl bei Männern als auch Frauen starke Reizungen verursachen. Bei diesem Mittel handelt es sich um den aktiven Inhaltsstoff in Schaum, Gels und Zäpfchen zur Schwangerschaftsverhütung. Solche Zäpfchen werden in die Scheide eingeführt und schmelzen durch die Hitze und Feuchtigkeit.

Geheimtipp aus Lous Archiv

Viele Frauen, die ich kenne, bevorzugen farblose Gleitmittel, da sie auf Bettlaken oder anderen Materialien keine Flecken hinterlassen.

Beliebte Gleitmittel für Sexspielzeug

Wenn Gleitmittel verwendet werden, um den Einsatz von Sexspielzeug angenehmer zu gestalten, empfehle ich Marken auf Wasserbasis, die farblos und duftfrei sind. Einige der neuen Kunststoff- und Silikon-Verbindungen, die zur Herstellung dieses Spielzeugs verwendet werden, können mit der Zeit zersetzt werden, wenn sie mit Öl in Kontakt kommen. Jedes Mal, wenn Sie ein Produkt mit Farbstoff oder Duft verwenden, besteht das (geringe) Risiko einer allergischen Reaktion, wenn Sie es intern verwenden. Die meisten Hersteller tun viel, um die verwendeten Inhaltsstoffe auf potenzielle allergische Reaktionen zu testen. Doch niemand kann eine hundertprozentige Garantie übernehmen, dass es bei anfälligen Menschen in diesen besonders empfindlichen Körperbereichen nicht doch zu Allergien kommt. Ich bin der Meinung, dass man lieber doppelte Vorsicht walten lassen sollte.

Der Spaß beim Auftragen

Ein Seminarteilnehmer meinte zu diesem Thema: »Ich wusste gar nicht, dass Gleitmittel so viel Spaß machen können!« Wenn Sie das richtige Gleitmittel für Ihre persönlichen Bedürfnisse und Wünsche ausgewählt haben, kann der Spaß beginnen! Oft wird diese großartige Gelegenheit zur Erhöhung des Vergnügens, der erotischen Atmosphäre und der sinnlichen Erfahrung aber durch eine langweilige Methode beim Auftragen des Gleitmittels geschmälert.

Liebe Leserinnen – ich habe ja bereits erwähnt, dass Männer »Augenmenschen« sind. Und warum sollte man diese Eigenschaft nicht nutzen? Es gibt *viele* sinnliche Möglichkeiten zum Auftragen von Gleitmittel, und einige werde ich Ihnen gleich vorstellen.

Geheimtipp aus Lous Archiv

Egal, ob Sie das Mittel in Ihre Hand, seine Hand oder woanders hin gießen, Sie sollten es aus einer Höhe von mindestens fünfzehn Zentimetern tun, um den optischen Eindruck für ihn zu verstärken und Ihr Selbstbewusstsein zu unterstreichen. Das Gleitmittel einfach nur in die Hand zu geben ist langweilig.

Auftragen mit einer Hand

- Keine Dominanz: Gießen Sie das Gleitmittel in die linke Hand, wenn Sie Rechtshänderin sind, und tragen Sie es mit dieser Hand auf. Genau wie eine mit dieser Hand angefertigte Zeichnung freier und weniger strukturiert ist, trifft dies auch beim Auftragen des Gleitmittels zu. Außerdem werden Sie sich des Gefühls und der Beschaffenheit seines Penis ganz anders bewusst, wenn Sie die linke Hand einsetzen.

- Ein anderer Spielplatz: Gießen Sie etwas Gleitmittel in *seine* Hand, seinen Nabel oder, wenn er auf dem Bauch liegt, auf den unteren Rückenbereich, und tauchen Sie die Finger in diesen kleinen Teich, um das Gleitmittel an anderen Stellen aufzutragen. Da die Haut unser größtes Organ ist, können Sie sexuelle Empfindung so auch auf andere Körperbereiche übertragen, statt sie nur auf den betroffenen Punkt zu beschränken.

Auftragstechniken mit beiden Händen

- Zusammen von oben nach unten. Beginnen Sie an der Eichel, und massieren Sie den ganzen Penisschaft und die Hoden langsam mit Ihren bereits angefeuchteten, warmen Händen.
- Dazu braucht man zwei. Er lenkt Ihre bereits angefeuchteten Hände beim Auftragen des Gleitmittels. Lassen Sie sich von ihm führen, während Sie Ihre Hände den Penisschaft hinauf und hinunter bewegen, sodass das Gleitmittel mit der Geschwindigkeit und dem Druck aufgetragen wird, der ihm am liebsten ist.

Geheimtipp aus Lous Archiv

Bitten Sie ihn, etwas Gleitmittel in Ihre gewölbten Hände zu gießen. Durch verführerisches Zusammenreiben der Hände wird nicht nur das Gleitmittel angewärmt, sondern Sie zeigen ihm damit auch, wie gut es sich anfühlt und welches aufregende Gefühl Sie *ihm* gleich geben werden.

- Parfümerie: Tragen Sie das Gleitmittel an den Innenseiten Ihrer Unterarme auf. Setzen Sie den ganzen Bereich zwischen Handgelenk und Ellbogen ein, und bearbeiten Sie seinen Penis sanft zwischen Ihren beiden Armen.

Auftragstechniken ohne Hände

- Selbsterfahrung I u. II (bei I wird eine Hand eingesetzt, bei II beide Hände). Bitten Sie Ihren Partner, Ihnen eine oder beide Hände zu reichen. (Sie müssen unbedingt *fragen*. Sie wissen ja, dass der Grundsatz jeder liebevollen sexuellen Beziehung die Bitte um Erlaubnis ist.) Wenn er Ihnen eine oder beide Hände gegeben hat, gießen Sie eine kleine Menge Gleitmittel auf seine Handfläche. Mit Ihren Fingern verteilen Sie das Gleitmittel auf seiner Handfläche, so, als würden Sie sie bemalen. Reiben Sie kräftig genug, um das Gleitmittel zu erwärmen. Bitten Sie ihn, Ihnen zu sagen, wann er die Wärme fühlt. Wenn es so weit ist, beugen Sie sich vor und pusten auf seine Handflächen, um die Wärme noch zu steigern. Je näher Sie der Handfläche sind, desto intensiver ist die Wärme. Schließlich legen Sie Ihre Hände von außen auf seine Hände und nehmen diesmal *seine* Hände zum Auftragen des Gleitmittels.

- Eintauchen: Während er sich mit erigiertem Penis in einem Winkel von 45 Grad anlehnt oder aufrecht sitzt, gießen Sie etwas Gleitmittel in seinen Nabel. Drücken Sie seinen Penis vorsichtig in Richtung seines Körpers, wobei die Eichel in den entstandenen Teich aus Gleitmittel getaucht wird und ihn auf die sexuellen Aktivitäten vorbereitet, die Sie sich als nächstes für ihn ausgedacht haben.

- Die Handleserin (oder Der Wasserfall): Aus einer Entfernung von dreißig Zentimetern gießen Sie das Gleitmittel in einem langen und großzügigen Strahl in Ihre hohle Hand. Drücken Sie die Finger gegen die Handfläche, sodass das Gleitmittel ein wunderbares Geräusch macht (Männer sind in sexuellen Dingen nicht nur »Augenmenschen«, meine Damen, sondern auch »Ohrenmenschen«). Wenn sich die Flüssigkeit ausreichend erwärmt hat, drehen Sie die Hand zur Seite, sodass das Gleitmittel aus der Faust über seinen weichen, halberigierten oder erigierten Penis tropfen kann. Wenn die ganze Flüssigkeit aus Ihrer Hand herausgelaufen ist, ist sein Penis wahrscheinlich eher in letztgenanntem Zustand. Am besten verwenden Sie dazu ein besonders flüssiges Mittel.

• Die Madonna (oder Der französische Fick): Bitten Sie ihn, eine großzügige Menge Gleitmittel auf Ihren Brüsten zu verteilen. Sie können es entweder selbst verteilen, damit es warm wird (Männer sind total *fasziniert*, wenn Frauen mit den eigenen Brüsten spielen), oder bitten Sie ihn darum (schließlich sind Männer diesem Spiel auch nicht gerade abgeneigt). Wenn Ihre Brüste warm und gründlich angefeuchtet sind, bringen Sie Ihren Oberkörper unter seinem Penis in Position und verreiben das Gleitmittel mit Ihren Brüsten.

Tipps für Gleitmittel

• Es ist durchaus möglich, zu viel Gleitmittel zu verwenden. Obwohl es dann schon eine ziemlich große Menge sein muss, werden Sie schnell feststellen, dass Sie zu viel genommen haben, weil es dann nämlich zu einer Verringerung der Empfindung kommt. In diesem Fall können Sie es einfach abwischen (speziell die Produkte auf Wasserbasis). Halten sie dafür ein Handtuch oder Papiertaschentücher bereit.

• Die besten Stellen für Gleitmittel sind die Körperöffnungen, Sexspielzeug, die Finger oder andere Dinge, mit denen eine Penetration durchgeführt wird, sowie die Bereiche, die gerieben oder gestreichelt werden. Wenn Sie Kapitel sechs und sieben gelesen haben, werden Sie nicht nur eine klarere Vorstellung davon haben, wo Gleitmittel verwendet werden kann, sondern auch, wie wundervoll dieses Produkt wirklich ist.

• Vermeiden Sie es, Gleitmittel in die Augen zu reiben. Produkte auf Ölbasis können brennen. Bei Gleitmitteln auf Wasserbasis ist dies im Allgemeinen nicht der Fall, aber wahrscheinlich können Sie vorübergehend nur verschwommen sehen. Darüber hinaus ist es eine Sache persönlicher Vorlieben, wo man Gleitmittel mag und wo nicht. Wenn Sie zu Blasen- oder Scheideninfektionen neigen, sollten Sie mit *jedem* Gleitmittel vorsichtig sein, das Sie verwenden. Manche Frauen sind gegenüber jeder Flüssigkeit sehr empfindlich, die den natürlichen pH-Wert der Scheide beeinflusst, unter anderem auch bei Seife und Toilettenpapier.

Egal, für welche Methode Sie sich entscheiden (beispielsweise die hier vorgestellten oder eigene Kreationen), ist das Wichtigste, dass Sie Ihren *Spaß* dabei haben. Das Auftragen von Gleitmittel kann die sinnliche Erfahrung genauso stark erhöhen wie die Funktion des Gleitmittels, doch bisweilen tut man des Guten zu viel. Einem von Ihnen könnte die Flasche aus der Hand gleiten, sodass zu viel ausgegossen wird, oder die Flasche könnte hinfallen, und Sie könnten zusammen den Flur entlang rutschen. Keine Sorge. Gleitmittel lässt sich leicht aufwischen und ersetzen. Das Einzige von echtem Wert, das Sie dabei verlieren könnten, ist Ihr Lachen.

6. Kapitel

Legen Sie Hand an ihn

Die Kunst der manuellen Stimulation

»Nachdem ich das Seminar besucht und diese
Techniken erlernt hatte, probierte ich sie gleich nach
meiner Rückkehr an meinem Mann aus. Das einzige
einigermaßen Verständliche, das er dabei sagte, war:
›Oh Jesus, Maria und Joseph.‹
Ziemlich komisch, denn er ist Jude.«
Seminarteilnehmerin,
medizinische Leiterin, 28 Jahre alt

Das Vorspiel ist die Hauptsache

Im sexuellen Bereich könnte sich Ihr Leben durch dieses Kapitel für immer verändern. *Buchstäblich.* Von dem gesamten Material, das ich bei meinen Untersuchungen, durch persönliche Erfahrungen und Feedback von vielen hundert Seminarteilnehmern gesammelt habe, scheint das Erlernen der Techniken zur manuellen Stimulation in der intimen Beziehung eines Paares zu den bedeutendsten Ergebnissen zu führen. Normalerweise sind es diese Techniken, die Frauen nach Besuch eines Seminars zu Hause als Erstes ausprobieren.

Wie Sie bald feststellen werden, ist es gar nicht so schwer, die Hände geschickt einzusetzen (obwohl Sie dies am besten nicht weitersagen). Die Wirkung auf den Mann kann jedoch so groß sein, dass er wach daliegt und davon träumt. Ich bin natürlich froh, dass es diese Wirkung auf Männer hat, aber die Wirkung für die *Frau* verschafft mir die größte Befriedigung. Eine Frau, eine Schriftstellerin aus Atlanta, beschrieb ihre Erfahrung so:

»Ich dachte, mit mir sei etwas nicht Ordnung, weil Sex mir einfach nicht besonders viel bedeutete. Ich mochte die romantische Seite daran – das Küssen, die Umarmungen und das Aneinanderkuscheln. Doch die mechanische Seite des sexuellen Kontakts war immer etwas, das ich mehr oder weniger über mich ergehen ließ. Jetzt ist mir klar, dass ich mein mangelndes Wissen fälschlicherweise für mangelndes Interesse gehalten habe. Als ich lernte, wie ich dem Mann, den ich liebe, dieses intensive Vergnügen bereiten kann, änderte sich unsere ganze Beziehung. Heute bin ich bereitwillige und aktive Teilnehmerin an unserem Sexleben. Es ist wirklich fantastisch. Ich habe dadurch keine Macht über ihn (obwohl er meint, dass das so ist), aber in allen Bereichen haben wir eine neue Nähe gefunden. Wir sind jetzt seit vier Jahren zusammen, und viele Paare stellen dann ein Nachlassen der Lust fest. Unser Lustfaktor erlebt ein ständiges Hoch, und es gibt kein Anzeichen dafür, dass er in der Zukunft abnehmen wird.«

Ich habe dieses Zitat gewählt, um damit zu zeigen, dass der eigentliche Geschlechtsverkehr nur einen sehr kleinen Anteil der gesamten Sexualerfahrung ausmacht. Wie ich bereits erwähnt habe, ist der Geschlechtsverkehr etwas, auf das wir biologisch programmiert sind. Er ist nur die sprichwörtliche Spitze des Eisbergs, was unsere Sexualität insgesamt angeht. Doch das Vorspiel, also das, was wir *vor* dem Geschlechtsverkehr mit unserem Partner und für ihn tun, schafft nicht nur die Grundlage, sondern entscheidet auch über die Qualität der sexuellen Beziehung. In den über fünfzehn Jahren, in denen ich Frauen und Männern aufmerksam zugehört habe, habe ich eine wichtige Lektion gelernt: Der Schlüssel zu tollem Sex ist das Vorspiel. Dabei haben unsere Fähigkeiten und unser Wissen eine riesige Wirkung. Und sexuelles Können beginnt beim Vorspiel mit den Händen.

Hände können Vergnügen auf wunderbare Weise übertragen. Mit ihren über 72 000 Nervenenden können sie starke und aufregende sexuelle Stimulation kreieren, hervorlocken und übertragen. Unser Tastsinn ist tatsächlich eine der stärksten und erstaunlichsten Quellen der Lust. Außerdem kann man sich nicht mit AIDS infizieren, wenn man einen Mann mit der Hand befriedigt. Warum? Zum einen, weil die unverletzte Haut der beste Schutz des Körpers vor Infektionen ist, zu denen auch die sexuell übertragbaren Krankheiten zählen. Um zu überprüfen, ob Sie eine unsichtbare Schnittverletzung oder Abschürfung haben, fahren Sie einfach mit einer Zitronenscheibe oder einem in Essig getauchten Wattebausch über die Hände. Glauben Sie mir – Sie wissen auf der Stelle, ob Sie eine Verletzung haben. Zum anderen können Sie durch manuelle Befriedigung nicht schwanger werden. Aber Sie können mit den Techniken, die ich Ihnen zeigen werde, für den besten Orgasmus sorgen, den er jemals erlebt hat.

Position einnehmen

Um ihm dieses ganz besondere Geschenk machen zu können, müssen Sie eine für Sie bequeme Position einnehmen. Es gibt wirklich keinen Grund, warum Sie in einer unbequemen oder verkrampften Position agieren sollten. Weder er noch Sie werden erfreut sein, wenn Sie genau im falschen Moment einen Krampf bekommen. Im Allgemeinen ist es für Sie am bequemsten, zwischen seinen Beinen zu knien. Aber es gibt viele Möglichkeiten, Position und Technik zu variieren (siehe unten), und ich bin mir sicher, dass Sie die Kombination finden werden, die Ihnen und Ihrem Partner am besten gefällt.

Hier sind einige Lieblingspositionen aus meinen Seminaren:
- Ihr Partner sitzt auf dem Bett und wird von Kissen leicht gestützt, oder er sitzt auf der Bettkante. Bei beiden Positionen knien Sie zwischen seinen Beinen.
- Er sitzt breitbeinig mit gebeugten Knien im Sessel, seine Füße befinden sich auf einem gepolsterten Hocker. Sie sitzen auf dem Boden zwischen seinen Beinen, wobei Ihr Rücken durch den Hocker gestützt wird. So haben Sie es bequem, während Sie das zu bearbeitende »Territorium« direkt vor sich haben.
- Schauplatz für eine weitere beliebte Position ist die Treppe (die Treppe schränkt nicht so sehr ein wie Bett oder Sessel). Sie sitzen auf einer niedrigeren Stufe unter ihm, was Ihnen mehr Mobilität verleiht. Legen Sie ihm ein Kissen in den Rücken oder bitten Sie ihn, sich ganz oben auf die Treppe zu setzen. Die Angestellte eines Reisebüros meinte: »Wir haben nur eine Treppe vorne im Haus, aber egal. Es klappte fantastisch.«

Geheimtipp aus Lous Archiv

Wenn allein Ihr Speichel als Gleitmittel dient, könnte Ihr Mund austrocknen, speziell, wenn Sie zum Abendessen Wein getrunken haben.

Denken Sie daran, meine Damen, dass Sie wahrscheinlich den kostbarsten und wichtigsten Körperteil Ihres Partners in der Hand haben werden. Es dürfte keinen anderen Körperteil geben, der seine Männlichkeit so stark definiert. Er wird es sehr mögen, wenn Sie körperlich wie auch emotional Respekt für diesen Bereich zeigen. Und trotz des Mythos, dass Männer einen Penis haben, der einer »Stahlstange« ähnelt, ist dieses Organ einschließlich Haut in Wirklichkeit ziemlich zart und empfindlich. Dies ist ein weiterer Grund, warum ich so ausdrücklich zu einem Gleitmittel zusätzlich oder an Stelle von Speichel rate. Ich will nicht behaupten, dass das eine besser ist als das andere, aber der Vorrat an Gleitmittel ist unbegrenzt, während manchmal nicht genug Speichel vorhanden ist.

Der perfekte Ort für den Einsatz der Hand

Einer der vielen Vorteile der manuellen Befriedigung besteht darin, dass die verschiedensten Orte dazu geeignet sind. Geschlechtsverkehr und Fellatio (»ihm einen blasen« ist nun mal nicht mein Lieblingsausdruck), ja selbst leidenschaftliche Küsse, erregen in der Öffentlichkeit zu viel Aufsehen. Doch eine gute »Handarbeit« kann praktisch unter der Nase eines Fremden gemacht werden, ohne dass es auffällt. Es passiert in Restaurants (vorausgesetzt, die Tischdecke ist lang genug), im Flugzeug (die Decken haben also *doch* einen Zweck) und auf dem Karussell oder der Achterbahn (wobei Sie vielleicht mehr als eine Fahrt unternehmen müssen). Obwohl das Risiko dabei zugegebenermaßen Teil des Nervenkitzels ist, sollten Sie *auf jeden Fall* vorsichtig sein. Dabei erwischt zu werden kann die Laune ganz schön verderben. Im Allgemeinen sind Männer von einer guter »Handarbeit« außerhalb des Schlafzimmers sehr angetan.

Dies sind einige der Lieblingsorte, von denen mir berichtet wurde:
• Treppen in Hotels, Bibliotheken oder Bürogebäuden
• der Tisch im Sitzungssaal

- der Schreibtisch des Chefs (wer hätte gedacht, dass dieser Ort so beliebt ist!)
- die Toilette im Restaurant
- die Waschküche
- unter der Decke am Strand
- der Küchentisch, wenn Sie abends gerade ausgehen wollen

Geheimtipp aus Lous Archiv

Seien Sie vorsichtig, wenn Sie eine »Handarbeit« in einem kleinen, geschlossenen Raum machen. Der charakteristische Geruch von Sperma ist oft so stark, dass andere vielleicht mitbekommen, was Sie tun.

Das Aussehen der Hände

Ganz wichtig: Denken Sie immer an die *Präsentation!* Und bei der manuellen Stimulation stehen Ihre Hände schließlich im Mittelpunkt des Interesses – oder zumindest fast im Mittelpunkt. Bei den meisten Techniken, die ich beschreibe, werden beide Hände eingesetzt, sodass es äußerst wichtig ist, dass sie gut aussehen und sich gut anfühlen. Wie ich bereits erwähnt habe, werden Sie den zartesten und empfindlichsten Teil des männlichen Körpers in den Händen halten. Wahrscheinlich wird er eine Verbindung herstellen zwischen der Art und Weise, wie Sie Ihre Hände pflegen und wie sich diese Hände um ihn kümmern werden.

Es muss wohl nicht erwähnt werden, dass Sauberkeit ebenfalls von größter Bedeutung ist. Schließlich würde es Ihnen auch nicht gefallen, wenn er *Sie* mit schmutzigen Händen berühren würde, und Sie sollten genauso höflich sein. Ihre Hände sollten glatt sein und keine rauen Stellen aufweisen. Für weiche, gesunde Haut schlage ich vor, die Hände morgens und abends, bevor Sie zu Bett gehen, mit einer Feuchtigkeitslotion einzucremen (achten Sie darauf, dass sie nicht parfümiert ist). Ihre Nägel sollten tadellos und gut maniküt sein. Die kleinste raue Stelle könnte ihm großes Unbehagen bereiten. Länge und Farbe der Nägel sind eine Sache persönlicher Vorlieben, aber nach Meinung der von mir befragten Männer ist weniger oft mehr.

Und was Ihren Schmuck anbelangt: Wenn Ihre Ringe oder Armbänder nicht völlig glatt sind, sollten Sie sie vorher ablegen.

Techniken mit den Händen

Meine Damen – vielleicht kennen Sie einige der hier vorgestellten Techniken, aber ich bin überzeugt davon, dass Sie (beide) umso mehr Vergnügen haben werden, je mehr Sie wissen. Selbst die besten Chefköche der Welt ruhen sich nicht auf ihren Lorbeeren aus, wenn ihnen ein Gericht gelungen ist. Sie sind immer auf der Suche nach neuen Kreationen mit denselben Zutaten. In einer sexuellen Beziehung sind diese Zutaten Ihr Körper, Ihre Einstellung und Ihr persönlicher Stil.

In den Seminaren experimentieren wir und probieren die verschiedenen Techniken mit einem »Unterrichtsgegenstand« aus, der auch unter der Bezeichnung Dildo bekannt ist. Ich überlasse allen Teilnehmerinnen die Wahl, welchen »Dildo« sie benutzen wollen. Dildos, die einen Untersatz haben und in drei natürlichen Hauttönen – weiß, schwarz oder schokoladenbraun – erhältlich sind, gibt es in der Länge von 12,5 Zentimetern (das Modell »Leitender Angestellter«) bis fünfzehn Zentimetern und sogar in zwanzig Zentimetern Länge. Ob Sie es glauben oder nicht, aber die meisten Männer haben eine Penislänge von 12,5 bis fünfzehn Zentimetern. Übrigens üben die meisten Frauen diese Techniken zunächst lieber an einem Ersatz, und ich schlage daher vor, dass Sie sie erst zu Hause ausprobieren. Wenn Sie keinen Dildo haben, funktioniert es auch gut mit einer Salatgurke; stellen Sie sie in eine hohe Kleenex-Schachtel, um sie abzustützen. Manche Frauen haben es mit Bananen versucht, aber das Ergebnis war enttäuschend: Bananen sind einfach nicht fest genug. Der Besuch beim Gemüsehändler wird für Sie eine ganz andere Bedeutung erlangen!

Für alle Techniken sind zwei Hände nötig. Idealerweise kniet die Frau dabei zwischen seinen Beinen und schaut ihn an. Er sollte durch ein Kissen gestützt werden. Ich rate Ihnen auch zu fragen, ob er Ihnen zuschauen möchte – die meisten Männer wollen dies.

Die erste Technik, die ich erläutern möchte, ist die mittlerweile berühmte »Ode an Bryan«. Bryan war jener Freund, der mir mit Hilfe eines Kaffeelöffels zeigte, was Männer gerne mögen.

Geheimtipp aus Lous Archiv

Meine Damen, sagen Sie Ihrem Partner bitte, dass er einige der vorgestellten Techniken nicht allein ausprobieren sollte. Der Partner einer Seminarteilnehmerin berichtete: »Obwohl ich diese Techniken gerne selbst beherrschen würde, gelingt es mir nicht. Mein Daumen muss dabei in einer Position sein, die ich einfach nicht schaffe.«

Ode an Bryan
(für den halb oder ganz erigierten Penis)

Dies ist die absolute Lieblingstechnik. Eine Lehrerin aus Seattle meinte: »Zum ersten Mal konnte ich ihn so lieben, wie ich wollte.«

Schritt 1. Tragen Sie das Gleitmittel Ihrer Wahl großzügig mit beiden Händen auf. Es ist eine gute Idee, Hände und Gleitmittel durch leichtes Zusammenreiben der Hände anzuwärmen.

Schritt 2. Strecken Sie Ihre Hände vor sich aus, wobei sich die Daumen unten befinden. Das Handgelenk muss nach außen gebeugt sein, da Sie sonst die Drehung nicht durchführen können, und die *Drehung ist das Wichtigste*. Die Daumen liegen an den Zeigefingern an und zeigen NICHT wie kleine Stacheln nach unten. Die Handflächen zeigen nach außen. Mit einer Hand (es ist egal, welche) umfassen Sie vorsichtig, aber fest den unteren Bereich des Penis. Sie sollten den Handrücken und vier Finger sehen. Er wird Ihren Daumen sehen, der sich in seinem Schamhaar befindet. Bringen Sie die andere Hand so in Position, dass sie aktiv werden kann, sobald die Aktion der ersten Hand beendet ist. Wenn Sie einen »Zyklus« abgeschlossen haben, werden beide Hände normalerweise eine fortgesetzte Bewegung durchführen, sodass Sie sich zwischendurch nicht sorgen müssen, was Sie mit der jeweils untätigen Hand tun sollen.

Schritt 3. Streichen Sie mit einer einzigen, fortgesetzten Bewegung mit der Hand den Penisschaft hinauf.

Schritt 4. Wenn Sie die Eichel erreichen, drehen Sie die Hand leicht, als wollten Sie bei einem Glas den Deckel abnehmen.

3   4

Drehen Sie *erst,* wenn Sie die Eichel erreicht haben. Bryans Kommentar lautet: »*Die Drehung ist das Wichtigste und darf nur oben durchgeführt werden.*«

Schritt 5. Halten Sie möglichst viel Kontakt zwischen der Eichel und Ihrer Handfläche, und drehen Sie Ihre Hand über die Penisspitze, als wollten Sie sie mit der ganzen Handfläche formen.

5

Schritt 6. Auf Grund der Drehung zeigt Ihr Daumen jetzt in Ihre Richtung, und der Handrücken zeigt in seine. Gleiten Sie über die Spitze und wieder fest den Schaft hinunter in die Ausgangsposition, und bringen Sie sofort die zweite Hand in die Ausgangsposition über der Hand, die gerade fertig geworden ist. ANMERKUNG: Dies ist wichtig, damit das Gefühl nicht mittendrin aufhört. Sie werden diesen Bewegungsablauf sehr schnell beherrschen. Achten Sie darauf, dass Sie sich nicht wie ein Anfänger beim Tanzen verhalten, der beim Ausführen der Tanzschritte immer »eins, zwei, drei, eins, zwei, drei« zählt.

6

Schritt 7. Führen Sie die Schritte 2 bis 6 sofort mit der anderen Hand durch. Wechseln Sie die Hände immer ab, bis ...

Penis-Samba
(für den halb oder ganz erigierten Penis)

Bei der »Penis-Samba« handelt es sich um eine sehr schnelle »Ode an Bryan«, die jedoch NUR im oberen Bereich ausgeführt wird. Sie werden entdecken, dass diese Technik ihren ganz eigenen Rhythmus hat.

Geheimtipp aus Lous Archiv

Wenn Männer älter werden, verändern sich die Intensität und der Winkel der Erektion. Bei jungen Männern befindet sich der erigierte Penis normalerweise eng am Bauch. Je älter der Mann wird, desto breiter wird der Winkel.

Korbflechterei
(für den halb oder ganz erigierten Penis)

Eine Frau, die unter multipler Sklerose leidet, hat zu dieser speziellen Technik angeregt. Da ihre Handgelenke leicht ermüden, muss sie zur Unterstützung beide Hände einsetzen. »Nach dem Seminar ging ich nach Hause und probierte die Korbflechterei an ihm aus. Es war die reine Magie.«

Schritt 1. Tragen Sie das gewünschte Gleitmittel großzügig mit beiden Händen auf.

Schritt 2. Falten Sie die Hände, und verschränken Sie die Finger dabei.

Schritt 3. Entspannen Sie die Daumen, sodass eine Öffnung entsteht.

Schritt 4. Senken Sie die gefalteten Hände über seinem Penis. Sie sollten ihn gut umfassen – ähnlich wie eine enge Scheide. Im Grunde schaffen Sie einen Scheidenersatz.

4

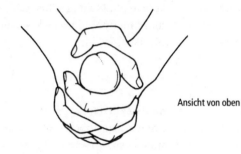

Ansicht von oben

Schritt 5. Bewegen Sie die geschlossenen Hände den Schaft hinauf und hinunter, wobei Sie den festen, aber vorsichtigen Griff beibehalten.

Schritt 6. Drehen Sie die gefalteten Hände langsam, während sie den Schaft hinauf- und hinuntergleiten. Das Ganze erinnert ein wenig an die Bewegung in einer Waschmaschine. Führen

5   *6*

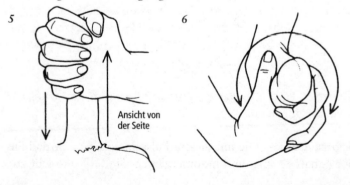

Ansicht von
der Seite

Sie eine lange Drehung pro Schaftlänge durch. Sie sollten auf keinen Fall schnelle Drehbewegungen durchführen.

Der Herzschlag Amerikas
(für den halb oder ganz erigierten Penis)

Diese Technik hieß früher »Pulsschlag«, bis eine Frau in einem Seminar in Santa Barbara meinte: »Das ist kein Pulsschlag, das ist der Herzschlag Amerikas.«

Schritte 1-5. Befolgen Sie die Anleitung zur »Korbflechterei«.

Schritt 6. Unterbrechen Sie die Drehbewegung, und stellen Sie sich vor, dass Sie eine Scheide imitieren. Wenn sich Ihre Hände oben am Schaft befinden, spannen Sie die gefalteten Hände sanft, aber fest an, und entspannen Sie sie wieder. Wiederholen Sie dies ständig, so, als hätten Sie einen ganz eigenen Pulsschlag, einen pro Sekunde, genau wie der Scheidenmuskel sich zusammenzieht, wenn Sie einen Orgasmus haben.

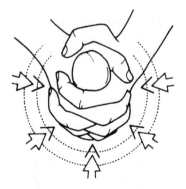

Schritt 7. Fahren Sie mit diesem Pulsschlag fort, während Sie den Schaft hinauf- und hinuntergleiten. Sie müssen nicht zu-

sätzlich die Drehung durchführen. Schließlich soll er den Puls-schlag spüren.

Anmerkung: Sie können den Pulsschlag bei jeder Bewegung einsetzen. Er ist besonders gut, wenn er ejakuliert. Sie können die orgastische Empfindung für ihn steigern, indem Sie Folgendes tun:

- Wenn er zu ejakulieren beginnt und Sie das Pulsieren in sei-nem Penisschaft spüren können, verlangsamen Sie die starke Bewegung und halten dann ganz inne (Männer sind an die-sem Punkt oft so empfindlich, dass starke Bewegungen un-angenehm sind).
- Bewahren Sie den warmen Handkontakt mit dem Schaft, und führen Sie eine pulsierende Bewegung im Rhythmus sei-ner Ejakulation aus, bis die Ejakulation beendet ist. (Zu Ihrer Information: Der Penis pulsiert meistens einmal pro einer Sekunde.)

Geheimtipp aus Lous Archiv

Die »melkende« Bewegung vom unteren Bereich des Penis hinauf zur Spitze, wie die meisten Männer sie am Ende durchführen, »reinigt die Rohre« und führt zu intensiverer Befriedigung. Sie können ihm dabei ebenfalls helfen. Um die Stärke der Bewegung ermessen zu können, bitten Sie ihn beim ersten Mal, Ihre Hand zu lenken. Ihr Daumen wird den Druck auf die Rückseite der Harnröhre ausüben.

Leichter Zug
(ideal für den weichen, halb erigierten
oder ganz erigierten Penis)

Manche Männer bevorzugen diese verlängerte Bewegung Ihrer Hand an ihrem Penis statt der starken, kompakten, nach unten gerichteten Bewegungen der meisten Handtechniken. Ein Sexualtherapeut berichtete in einem meiner Seminare für Männer, dass Männer diese Technik oft einsetzen, um beim Masturbieren eine Erektion zu bekommen.

Schritt 1. Tragen Sie auf beide Hände großzügig Gleitmittel auf.

Schritt 2. Umgreifen Sie den unteren Bereich des Penis mit einem umgekehrten »Okay«-Zeichen (Daumen und Zeigefinger bilden einen Ring). Daumen und Finger werden sich auf seinem Bauch befinden, und Sie sehen Ihren Handrücken.

Schritt 3. Schließen Sie die Finger, sodass eine warme, weiche Röhre entsteht – also wieder die nachgeahmte Scheide. (Was Sie mit der freien Hand tun, wird in Schritt 5 und 6 erläutert.)

3

4

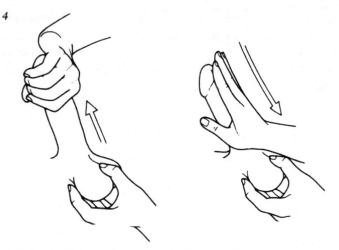

Schritt 4. Gleiten Sie mit nach oben gerichteten Bewegungen sanft mit den Fingern vom unteren Bereich zur Spitze, wobei Sie die Hand nur zur Schaftspitze bewegen, *nicht* über die Eichel hinaus. Auf dem Rückweg haben Ihre Finger noch immer Kontakt zum Penis. Es ist wichtig, dass immer eine Hand Kontakt zum Penis hat, da ihn jede Unterbrechung der Berührung ablenkt. Die Bewegung kann entweder parallel zu seinem Bauch oder senkrecht erfolgen.

Schritt 5. Während Sie mit einer Hand die Bewegung nach oben ausführen, könnte die freie Hand sanft die Innenseiten seiner Oberschenkel und seine Hoden kratzen (zu keiner anderen Zeit wird man Ihre gut manikürten Fingernägel so zu schätzen wissen). Viele Männer mögen es, wenn ihre Hoden sanft gekratzt und leicht vom Körper weggezogen werden.

Schritt 6. Um die Empfindungen bei ihm im gesamten Beckenbereich zu erhöhen, halten Sie den Daumen der freien Hand an die Handfläche und setzen den Zeigefinger der freien Hand wie bei einer Bewegung mit dem Gummischrubber fest vom Bauchnabel bis zum unteren Bereich des Penis ein. Diese Idee kam mir, als Männer mir berichteten, dass sie sich selbst so beim Masturbieren mit den Fingern der freien Hand streicheln.

Aufwärtsbewegung
(ideal für den weichen, halb erigierten
oder ganz erigierten Penis)

Dies ist eine andere Version des leichten Zugs. Manche Frauen berichten, dass der abwechselnde Einsatz des leichten Zugs und dieser Technik zu wahren Begeisterungsausbrüchen des Partners geführt hat.

Schritt 1. Tragen Sie auf beide Hände großzügig Gleitmittel auf.

Schritt 2. Wölben Sie eine Hand unter den Hoden zu einem großen »U«.

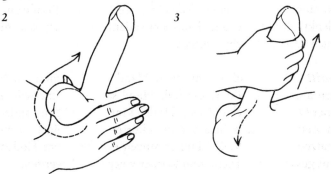

Schritt 3. Mit offener Hand führen Sie eine Streichbewegung nach oben über die Hoden aus. Diese richten sich dabei auf. Während Ihre Hand weiter den Schaft hinaufgleitet, fallen die

Hoden langsam wieder zurück in ihre normale Position unter dem Schaft.

Schritt 4. Gleiten Sie langsam mit den Fingern in nach oben gerichteten Bewegungen vom unteren Bereich in Richtung Eichel, wobei Sie die Hand nur bis zum oberen Bereich des Schaftes bewegen. Ihre Finger sind auf dem Weg nach unten weiter in Kontakt mit dem Penis. Wieder ist es wichtig, immer daran zu denken, dass die Hand vollen Kontakt mit dem Penis haben sollte, da eine Unterbrechung der Berührung ihn ablenkt.

Schritt 5. Während Sie mit einer Hand die Bewegung nach oben durchführen, streicheln Sie die Innenseiten seiner Oberschenkel und seine Hoden sanft mit der freien Hand.

Aufmerksamkeit an der Wurzel
(für den weichen, halb erigierten oder ganz erigierten Penis)

Diese Technik beruht darauf, dass eine Reihe von Männern einen festen Griff im unteren Penisbereich mögen, während sie stimuliert werden.

Schritt 1. Tragen Sie das Gleitmittel Ihrer Wahl auf beide Hände auf.

Schritt 2. Umfassen Sie den Schaft mit Zeigefinger und Daumen einer Hand, sodass eine Art Kringel entsteht; halten Sie den Druck auf seinen Schambereich aufrecht (Ihre Hand wird wie ein Kerzenhalter für den Penis eingesetzt). Dann halten Sie den Schaft, wobei Ihre Fingerspitzen in seine Richtung zeigen, und drücken Ihre Finger mit der Kante Ihrer Hand, an der sich der kleine Finger befindet, in den Hodensack. Seine Hoden befinden sich zu beiden Seiten Ihrer Finger. Seien Sie vorsichtig, und drücken Sie nicht direkt auf die Hoden.

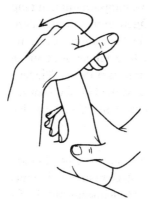

Schritt 3. Setzen Sie Ihre freie Hand ein, und führen Sie eine halbe »Ode an Bryan« an der Eichel (Penisspitze) aus. Mit der entspannten Handfläche gleiten Sie formend über die Spitze.

Geheimtipp aus Lous Archiv

Nicht beschnittene Männer sind oft empfindlicher. Wenn der Penis nicht erigiert ist, wird die Eichel die meiste Zeit über von der Vorhaut geschützt, sodass sie äußerst berührungsempfindlich ist.

Überkreuzte Hände
(für den halb bis ganz erigierten Penis)

Auf den ersten Blick scheint es bei dieser Technik viele verschiedene Schritte zu geben, doch wenn man sie erst einmal erlernt hat, ist sie so einfach wie das Fahrradfahren. Bei Kennern ist sie sehr beliebt. Der Ehemann einer Seminarteilnehmerin berichtete: »Wenn sie mit diesen kurzen Auf-und-ab-Bewegungen an einer Stelle beginnt, bin ich total hingerissen.«

Schritt 1. Tragen Sie auf beide Hände großzügig Gleitmittel auf.

Schritt 2. Halten Sie eine Hand (die Hand, mit der Sie schreiben) senkrecht vor sich hin, wobei die Finger nach oben zeigen und die Handfläche vom Körper abgewandt ist.

Schritt 3. Legen Sie die freie Hand waagrecht in einem Winkel von neunzig Grad auf die Handfläche der anderen Hand. Die Handfläche der freien Hand sollte in Ihre Richtung zeigen.

Schritt 4. Beugen Sie den Daumen der waagrechten Hand in die Daumenbeuge der senkrechten Hand, sodass die Hände stabilisiert werden. Dabei entsteht eine Kreuzposition.

3
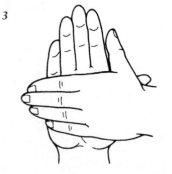

5
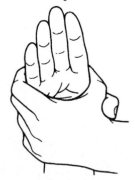

Schritt 5. Umklammern Sie die senkrechte Hand mit den Fingern der waagrechten Hand, und legen Sie die Fingerspitzen an der Seite der senkrechten Hand auf, sodass eine Röhre entsteht.

Schritt 6. Es ist wichtig, dass die Finger der senkrechten Hand die ganze Zeit über angespannt und aufrecht sind. Der wichtige Teil, der bei dieser Technik eingesetzt wird, ist der obere Bereich der Handfläche, knapp unter den Fingern der senkrechten Hand. Damit Sie sich besser vorstellen können, wie dies funktioniert, fühlen Sie mit der anderen Hand den Wulst unterhalb der angespannten Finger der senkrechten Hand über die gesamte Handbreite hinweg. Beugen Sie jetzt die senkrechten Finger in einem Winkel von fünfundvierzig Grad nach vorn zur Handfläche. Spüren Sie, wie dieser feste Wulst verschwindet? Aus diesem Grund ist es so wichtig, die Finger bei dieser Technik angespannt zu halten.

Schritt 7. Ihre Hände haben die unter Schritt 5 beschriebene Kreuzposition. Senken Sie nun diese »Röhre« vorsichtig über seinen Penis, und bilden Sie mit der waagrechten Hand eine eng anliegende »künstliche Scheide«. Diese Hand sorgt für den nötigen Druck. *Ihre Bewegungen sollten langsam ausgeführt werden.* Bei dieser Technik soll das Gefühl nachgeahmt werden, das er spürt, wenn der breiteste Teil des Penis (normalerweise die Eichel) in Sie eindringt.

Schritt 8. Dieser Schritt besteht aus zwei Teilen:
• Beginnen Sie mit kurzen, langsamen Auf-und-ab-Bewegungen. Achten Sie dabei darauf, dass sich der Wulst der senkrechten Hand auf und über das Vorhautbändchen des Penis bewegt (dabei handelt es sich um die kleine v-förmige Kerbe an der Unterseite des Schafts direkt unter der Eichel. Dies ist im allgemeinen der empfindlichste Bereich des Penis.)

8

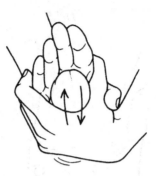

- Achten Sie darauf, dass die Haut zwischen Daumen und Zeigefinger der waagrechten Hand den Rand der Eichel sanft »fängt«, während Ihre Hände über die Eichel hinausgleiten.

Schritt 9. Passen Sie die Länge der Streichbewegung an, indem Sie sich vorstellen, dass Sie sich auf ihm befinden und nur zulassen, dass die Penisspitze in Ihre Scheide eindringt. Anschließend variieren Sie Geschwindigkeit, Druck und Länge der Streichbewegung und ahmen so die Bewegungen der Scheide nach. Doch denken Sie daran, dass zu viele gleiche Bewegungen am Anfang betäubend wirken können. Versuchen Sie, Geschwindigkeit und Druck der Hände zu variieren.

Schritt 10. Gleiten Sie hin und wieder mit den Händen den ganzen Penisschaft hinunter. Dabei öffnen Sie Zeige- und Mittelfinger der senkrechten Hand, sodass ein »V« entsteht, durch das der Penis hindurchpasst. Halten Sie dabei den leichten Druck der waagrechten Hand an der Rückseite des Schafts von der Penisspitze bis zur Peniswurzel aufrecht. Wenn Sie kleine Hände haben, könnte das Öffnen der Finger unangenehm sein. Tipp: Ich kenne viele Damen mit kleinen Händen, die die senkrechte Hand während der Gleitbewegung nach

10   *11*

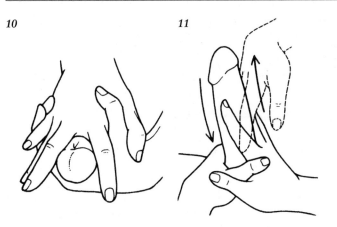

unten in die waagrechte Position bringen und die senkrechte
Position wieder einnehmen, wenn sie wieder oben angelangt
sind.

Schritt 11. Wenn Sie unten angelangt sind, kehren Sie die
Gleitbewegung nach unten um, indem Sie das »V« der senkrechten Hand umdrehen, sodass Zeige- und Mittelfinger, die
sich zu beiden Seiten des Schafts befinden, jetzt nach unten in
Richtung seines Bauchs zeigen. Gleiten Sie mit beiden Händen
wieder zur Penisspitze hinauf, und fahren Sie mit Schritt 2 bis
8 fort.

Bildhauerin
(ideal für den weichen, halb oder ganz erigierten Penis)

Stellen Sie sich vor, dass Sie die Rolle von Demi Moore in dem
Film *Ghost* spielen: Sie sitzen an der Töpferscheibe und können seinen ganzen Körper nach Ihrem Willen formen. Sie können sich bei dieser Technik neben ihm, auf ihm oder hinter ihm
befinden, an irgendeiner Stelle also, von der aus Sie Zugriff auf

seinen Körper haben. Männer beschäftigen sich oft mit ihren eigentlichen Geschlechtsteilen und übersehen die anderen Körperbereiche, die bei der sexuellen Erregung eine wichtige Rolle spielen – speziell Arme, Beine und Torso. Während Sie sich mit dem größten Teil Ihres Körpers nun an seinen Rücken drücken (schließlich ist die Haut unser größtes Geschlechtsorgan), streicheln Sie ihn, während Sie den Wirbel (Seite 63) ausführen.

Coiffeuse
(ideal für den weichen, halb oder voll erigierten Penis)

Diese Technik wurde durch Zufall von einer Frau mit langen Haaren entdeckt. Ihr Haar verfing sich in dem Gleitmittel auf dem Penis ihres Mannes, als sie die Position wechselte. Zu ihrer Überraschung gefiel es ihm, und der Rest ist Geschichte. Sie können Ihr langes Haar einsetzen, eine Perücke kaufen oder ein Tuch aus Samt oder Seide benutzen. Verwenden Sie bei dieser Technik KEIN Gleitmittel, es sei denn, Sie mögen Ihr Haar in Helmform oder ein verschmiertes Tuch.

Schritt 1. Bitten Sie Ihren Partner, eine Position einzunehmen, in der er Sie beobachten kann. Am besten setzen Sie sich für diese Technik aufrecht voreinander hin. Wenn Sie im Bett sind, legen Sie ihm ein Kissen in den Rücken. Im Stehen ist er meistens nicht entspannt genug, um sich ganz auf die Empfindungen zu konzentrieren – er ist zu sehr damit beschäftigt, die Balance zu halten oder sich irgendwo festzuhalten.

Schritt 2. Wickeln Sie eine dicke Strähne Ihres Haars oder ein Tuch um den Penisschaft. Wenn sein Penis noch nicht erigiert ist, wird er es sicherlich bald sein.

2   3

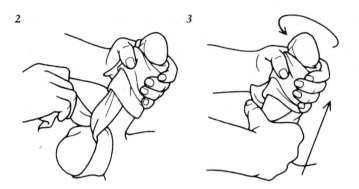

Schritt 3. Setzen Sie eine sanfte, drehende Auf-und-ab-Bewegung ein. Stellen Sie sich vor, dass Sie eine Hand wie bei der »Korbflechterei« einsetzen, wobei Ihr Haar darunter eine neue bewegliche Textur bildet. Um festzustellen, wie sich dies für ihn anfühlt, probieren Sie es an sich selbst aus. Wickeln Sie eine Haarsträhne um zwei oder drei Finger, und tun Sie so, als ob diese sein Penis seien. Fühlen Sie den Unterschied? Sie können Ihr Haar oder ein Tuch wie die Perlenkette (Seite 231) einsetzen. Ziehen oder streicheln Sie den Bereich unter seinen Hoden, wobei Sie diese vorsichtig anheben.

Tipp: Seien Sie vorsichtig, wenn Sie in Seidentücher Knoten machen, da diese Knoten oft so fest sind, dass man sie nicht wieder lösen kann und das Tuch ruiniert ist.

Zusammengehörigkeit
(ideal für den weichen, halb oder voll erigierten Penis)

Diese Technik hilft Ihnen, herauszufinden, welche Streichelbewegungen Ihr Partner bevorzugt. Am besten sitzt er aufrecht da, damit er die Bewegungen Ihrer Hände leichter beobachten und führen kann.

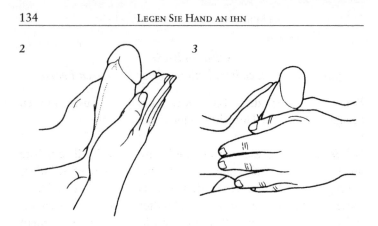

Schritt 1. Tragen Sie Gleitmittel auf seine und auf Ihre Hände auf.

Schritt 2. Legen Sie Ihre Hände zu beiden Seiten seines Penisschafts auf. Die kleinen Finger zeigen in Richtung seines Bauchs, die Handflächen sind einander zugewandt, und der Penis wird dazwischen gehalten. Wenn er erigiert ist, halten Sie ihn in einer aufrechten Position. Wenn er nicht erigiert ist, bringen Sie ihn vorsichtig in die aufrechte Position, die er schließlich einnehmen wird.

Schritt 3. Bitten Sie ihn, seine Hände außen auf Ihre Hände aufzulegen und ihre Bewegungen zu lenken. Auf und ab, drehend, eine Hand oder zwei? Achten Sie darauf, wie er Ihre Hände bewegt.

Schritt 4. Wechseln Sie sich ab, und kreieren Sie zwischendurch immer wieder einmal andere Bewegungen. Fragen Sie, was sich am besten anfühlt. So entdecken Sie gemeinsam, welche Technik zu den besten Resultaten führt.

Schritt 5. Fahren Sie so fort, wie es Ihnen gefällt.

Obst im Korb
(ideal für den weichen, halb oder voll erigierten Penis)

Wenn Sie meinen, diese Technik sei nur für vollbusige Frauen geeignet, haben Sie Unrecht, meine Damen!

Schritt 1. Bringen Sie sich in eine Position, in der Ihre Brüste als Auflage für seine Hoden dienen. Dies erreichen Sie, indem Sie einen Unterarm unter beide Brüste oder jeweils eine Hand unter jede Brust legen und sie hochhalten. Bringen Sie sich unterhalb seiner Hoden in Position. Im Idealfall sitzt er in einem Sessel, auf der Bettkante oder Couch, und Sie sitzen auf dem Boden. So haben Sie beide eine bequeme Position und können sich frei bewegen.

1

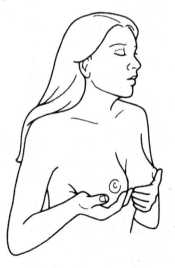

Schritt 2. Wenn Sie möchten, tragen Sie auf Ihre Brüste großzügig Gleitmittel auf. (Sie könnten dabei die in Kapitel 5 beschriebene »Madonna-Technik« zum Auftragen verwenden.)

Schritt 3. Wölben Sie den Körper nach oben (wie eine Schlange), und heben Sie die Hoden an, als wollten Sie Obst in einen Korb füllen. Lassen Sie sie durch den Bereich zwischen Ihren Brüsten gleiten, fahren Sie über die Eichel, während Sie den Schaft zwischen den Brüsten aufnehmen, und setzen Sie diese Bewegung den Schaft hinauf fort.

3   4

Schritt 4. Wenn Sie in die Ausgangsposition von Schritt 1 zurückkehren, können Sie sanft mit Kinn und Mund über seinen Bauch nach unten und dann über Schaft und Hoden gleiten, um ihm eine Vorstellung davon zu geben, was als Nächstes kommen könnte. Dabei können Sie mit Ihrem heißen Atem das Gefühl noch verstärken.

Schritt 5. Wiederholen Sie das Ganze nach Lust und Laune.

Pirouette
(für einen halb bis voll erigierten Penis)

Dies ist eine der einfachsten und effektivsten Techniken für zwei Hände, wenn sein Penis erigiert ist. Manche Frauen haben auch festgestellt, dass sich die Pirouette wunderbar mit oralen Techniken kombinieren lässt. Die Pirouette ist besonders gut geeignet, wenn der Mann sich an eine Wand anlehnt, aber erinnern Sie ihn daran, die Knie geschlossen zu halten. Der Ehemann einer reichen Erbin aus Texas meinte: »Es ist der reine Wahnsinn. Heißer als heiß.«

Schritt 1. Tragen Sie Gleitmittel großzügig auf Ihre Hände und die Ihres Partners auf.

Schritt 2. Bringen Sie Ihre Hände übereinander auf seinem Penisschaft in Position, sodass ein kleiner Turm entsteht. Mit einem geschlossenen, warmen Griff – denken Sie an die künstliche Scheide – sollten die Daumenrücken in Ihre Richtung zeigen. Wenn Ihr Partner einen kleineren Penis hat, breiten Sie die Finger der unteren Hand in seinem Schamhaar aus. Ihre Hände werden sich in entgegengesetzter Richtung bewegen.

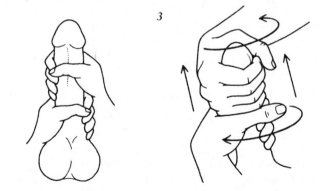

2   3

Schritt 3. GLEITBEWEGUNG NACH OBEN. Im Verlauf einer Gleitbewegung, die seinen Schaft entlang nach oben führt, drehen sich Ihre Daumen in entgegengesetzter Richtung, sodass der obere Daumen Ihnen nicht mehr zugewandt, sondern jetzt parallel zu Ihrer linken Schulter ausgerichtet ist. Der Daumenrücken des anderen Daumens befindet sich in paralleler Ausrichtung zur rechten Schulter.

Schritt 4. GLEITBEWEGUNG NACH UNTEN. Im Verlauf einer warmen, feuchten, nach unten gerichteten Gleitbewegung kehren Ihre Hände in die Ausgangsposition von Schritt 2 zurück. Wenn Ihr Mann einen kleineren Penis hat, streicheln Sie mit den Fingern der unteren Hand seinen Schambereich.

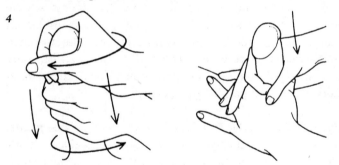

4

Schritt 5. Fahren Sie nach Lust und Laune fort.

Breiten Sie die Finger aus, und streicheln Sie seinen Schambereich.

Geheimtipp aus Lous Archiv

Sie können jede beliebige orale Technik mit einer Handtechnik verbinden. Reduzieren Sie einfach die Länge der Streichelbewegung, sodass Ihr Mund im oberen Penisbereich in Position bleiben kann.

Feuer machen
(ideal für den weichen, halb oder voll erigierten Penis)

Der Name dieser Technik geht auf die Bewegung zurück, mit der zwei Stöcke zum Entzünden eines Lagerfeuers zwischen den Händen gerieben werden. Sie ist gut für Männer mit empfindlicher Eichel geeignet, da die Bewegungen zum größten Teil am Schaft durchgeführt werden.

Schritt 1. Tragen Sie Gleitmittel großzügig auf BEIDE Hände auf.

Schritt 2. Bringen Sie die Hände an der Peniswurzel zu beiden Seiten des Schafts in Position. Achten Sie darauf, dass sich die kleinen Finger auf seinem Bauch befinden, die Handflächen einander zugewandt sind und der Penis vorsichtig zwischen den Händen gehalten wird. Wenn sein Penis erigiert ist, sollte sich der Schaft in einem Winkel von neunzig Grad zu Ihren Händen und nicht parallel zu ihnen befinden.

Schritt 3. Bewegen Sie Ihre Hände langsam bis schnell in entgegengesetzte Richtungen. Die Bewegung auf seinem Schaft sollte der drehenden Bewegung ähneln, die bei einem Stock zum Feuermachen angewandt wird.

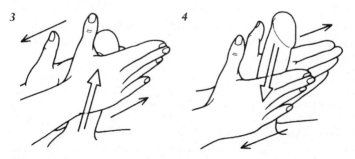

Schritt 4. Fahren Sie von der Peniswurzel nach oben fort, und kehren Sie mit derselben Geschwindigkeit nach unten zurück. Am besten reiben Sie oben nicht zu lang, da dies eine betäubende Wirkung haben könnte.

Schritt 5. Fahren Sie nach Lust und Laune fort, und gehen Sie gegebenenfalls zur »Korbflechterei« über.

Direkte Kombinationen
(ideal für den weichen, halb oder voll erigierten Penis)

Dies ist eine Technik zur Erweiterung des Horizonts. Dabei geht es im Wesentlichen darum, mit einer Hand den Penisschaft zu liebkosen, während die andere Hand dort tätig wird, wo es Ihnen oder ihm am besten gefällt.

Schritt 1. Tragen Sie Gleitmittel großzügig auf einer Hand auf.

Schritt 2. Legen Sie die mit Gleitmittel versehene Hand auf Schaft und Hoden, und beginnen Sie mit Ihrer Lieblingsbewegung.

Schritt 3. Mit der freien Hand streicheln Sie Ihren Partner dort, wo Ihre Fantasie Sie hinführt. Streicheln Sie sein Schamhaar mit langen, glatten Bewegungen, setzen Sie die Nägel vorsichtig an den Innenseiten seiner Oberschenkel ein, und führen Sie dort nach oben und unten gerichtete Bewegungen aus. Spielen Sie mit seinem Brusthaar oder mit seinen Brustwarzen, wenn ihm das gefällt, oder nehmen Sie seine Hand auf, und saugen Sie an einem seiner Finger … geben Sie ihm einen Vorgeschmack auf das, was noch kommen wird.

Geheimtipp aus Lous Archiv

Immer wenn Sie eine Hand frei haben, versuchen Sie, sein Schamhaar mit langen, glatten Bewegungen zu streicheln, und fahren mit
Ihren Nägeln leicht an den Innenseiten seiner Oberschenkel hinauf
und hinunter. Spielen Sie mit seinem Brusthaar, seinem Schamhaar
oder auch mit dem Haar in seinem Nabel.

Kirche und Kirchturm
(für einen halb oder voll erigierten Penis)

Der Schlüssel zu dieser Technik ist das warme Heiligtum, das
innerhalb der Handflächen Ihrer beiden fest zusammengehal-
tenen Hände geschaffen wird. Sie ahmen damit das Gefühl des
Penis nach, wenn er sich in dem warmen, runden Ende der
Scheide in der Nähe des Muttermunds befindet. Auf Grund
der Handposition wird eine sehr kurze, kompakte Bewegung
durchgeführt. Bei dieser Position kann Ihr Partner besonders
gut Ihren Oberkörper mit den Augen genießen. Männer, die
gern besonders tief in ihre Partnerin eindringen, werden diese
Technik lieben. Außerdem hat er einen tollen Blick auf Ihre
Brüste.

Schritt 1. Tragen Sie Gleitmittel großzügig auf beide Hände
auf.

Schritt 2. Legen Sie Ihre Hände wie zum Beten zusammen, sodass die Handflächen aufeinander ruhen und die Finger nach
oben zeigen (sie dürfen nicht ineinander verschränkt sein). Bei
dieser Position sollten Sie die Brust vorstrecken und die Schultern nach hinten drücken. Halten Sie die nach oben gerichteten
Hände zwischen Ihren Brüsten nah ans Brustbein.

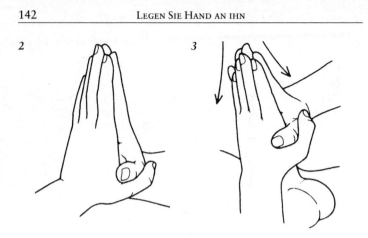

Schritt 3. Die Finger müssen aufrecht sein und fest zusammen gehalten werden. Die Daumen werden überkreuzt, um die Hände zu stabilisieren (sie zeigen in Ihre Richtung).

Schritt 4. Sie müssen sich zur Ausführung dieser Bewegung in der Nähe seines Intimbereichs befinden. Senken Sie die Hände vorsichtig auf seinen Penis, wobei Sie die Eichel mit der von Ihren Händen geschaffenen Höhlung umfassen. Lassen Sie Ihre Hände NICHT nach vorne fallen, und öffnen Sie nicht die Finger, weil dadurch der Druck nachlassen würde. Machen Sie eine feste, sanfte Gleitbewegung; Sie werden nur die Eichel zwischen Ihren Handflächen spüren.

Schritt 5. Um die Bewegung zu verlängern, lassen Sie die Penisspitze zwischen Zeigefingern und Daumen hindurchgleiten. Auch jetzt dürfen Ihre Hände nicht nach vorne fallen, da er dann den erwünschten Druck nicht mehr spüren würde.

Schritt 6. Wenn Sie die Peniswurzel erreichen, um mit der Bewegung nach oben zu beginnen, halten Sie Ihre Finger Richtung seines Gesichtes und gleiten wieder den Schaft hinauf,

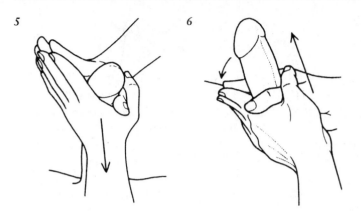

wobei die Hände zusammengehalten werden. Sie sollten jetzt wieder die Ausgangsposition von Schritt 4 einnehmen.

Schritt 7. Fahren Sie nach Lust und Laune fort, und gehen Sie vielleicht zu der Technik der überkreuzten Hände über.

Regentropfen
(ideal für den weichen, halb oder voll erigierten Penis)

Dies ist eine gute Übergangsbewegung, um den Kontakt zu erhalten, wenn Sie die Position verändern und/oder das Tempo etwas herausnehmen wollen, während Sie es etwas langsamer gehen lassen, falls die Erregung überhand nimmt.

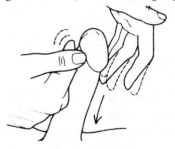

Stellen Sie sich vor, dass Ihre Finger Regentropfen sind, und lassen Sie leichte Regenschauer und sanften Hagel auf ihn niedergehen. Sein unterer Körperbereich und der Genitalbereich muss stark gewässert werden – sehr stark.

Klatschen mit einer Hand
(für den halb oder ganz erigierten Penis)

Diese Technik ist für jene Herren der Schöpfung gedacht, denen es gefällt, wenn ihr Penis getätschelt oder leicht gegen etwas geschlagen wird. Die Schritte 4 bis 7 sind Teil einer Technik für Fortgeschrittene. Sie stammt von einem Herrn, bei dem diese Technik eingesetzt wurde. Er meinte dazu, es sei das Beste gewesen, das eine Frau je mit ihm gemacht hat.

Schritt 1. Halten Sie seinen erigierten Penis in der Hand.

Schritt 2. Wenn er dieses Gefühl UND das Geräusch von Feuchtigkeit mag, können Sie eine großzügige Menge Gleitmittel auf seinen Bauch oder in Ihre Hand geben.

Schritt 3. Schlagen Sie sanft mit der Eichel gegen Ihre Handfläche oder sanft, aber fest gegen seinen Bauch oder Ihre Wange, wenn Sie dies mögen.

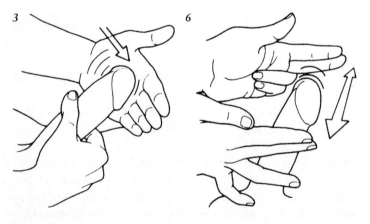

Schritt 4. Setzen Sie beide Hände zusammen ein, wobei die Handflächen einander zugewandt sind. Halten Sie Ihre Hände so, dass sich Zeige- und Mittelfinger in aufrechter Position befinden.

Schritt 5. Bringen Sie die gestreckten Finger an seinem voll erigierten Penis seitlich in Position.

Schritt 6. Schlagen Sie von beiden Seiten in einem Bereich von etwa fünf Zentimetern abwechselnd mit den Fingern beider Hände leicht auf die Eichel. Stellen Sie sich vor, dass Ihre Finger ein waagrechtes Metronom sind. (Ihr ehemaliger Klavierlehrer wird nie erfahren, wie nützlich seine Stunden heute sind.) Beginnen Sie mit zwei Schlägen pro Sekunde.

Schritt 7. Folgen Sie seinen Wünschen.

Wirbelsäulenmassage
(für einen halb bis voll erigierten Penis)

Es ist nicht *die* Wirbelsäule, an die Sie höchstwahrscheinlich denken.

Schritt 1. Tragen Sie das Gleitmittel Ihrer Wahl großzügig auf beide Hände auf.

Schritt 2. Verschränken Sie Ihre Finger locker.

Schritt 3. Stellen Sie sich vor, dass sein Penisschaft eine Wirbelsäule ist. Öffnen Sie die Handflächen, wobei Ihre Finger noch immer verschränkt sind, und bringen Sie Ihre Hände unter dem Penisschaft in Position, sodass er von beiden Händen geborgen ist. Ihre Finger zeigen in Richtung des Kopfes

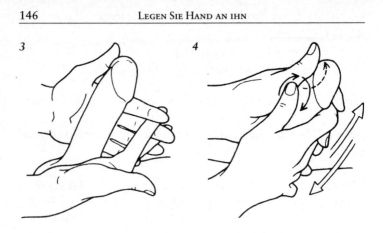

Ihres Partners, und Ihre Hände sehen aus wie eine offene Venusmuschel.

Schritt 4. Setzen Sie die Daumen wie eine Masseurin, die Ihre Wirbelsäule massiert, in einer Tandembewegung ein. Führen Sie eine kleine Kreisbewegung aus, wobei ein Daumen jeweils den Kreis des anderen schneidet, bevor Sie sich weiter nach oben vorarbeiten.

Schritt 5. Wenn Sie die Eichel erreichen, falten Sie die Hände wie bei der »Korbflechterei« und fahren fest, aber sanft über den Penis nach unten und beginnen erneut. Dazu öffnen Sie die Hände, sodass der Penis wieder wie am Anfang in Ihren Händen geborgen ist.

Die Ringe
(für einen halb bis voll erigierten Penis)

Hierbei erhält das »Okay«-Zeichen eine ganz neue Bedeutung.

Schritt 1. Tragen Sie das Gleitmittel Ihrer Wahl großzügig auf beide Hände auf.

Schritt 2. Machen Sie mit beiden Händen das »Okay«-Zeichen (Daumen und Zeigefinger bilden einen Ring).

Schritt 3. Mit sanftem, dann kräftigerem Rhythmus umfassen Sie die Eichel abwechselnd mit dem »Okay«-Ring der jeweiligen Hand und fahren mit diesem den Penisschaft hinunter.

Schritt 4. Wenn Sie mit einer Hand fast unten angelangt sind, lassen Sie den anderen »Ring« glatt über die Eichel gleiten.

Schritt 5. Setzen Sie beide »Ringe« oben ein, und führen Sie Drehbewegungen in die jeweils entgegengesetzte Richtung aus.

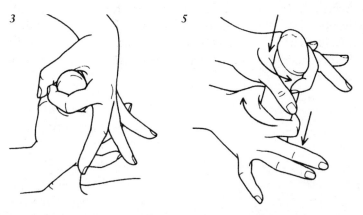

3   5

Der Vogelkäfig
(für einen halb bis voll erigierten Penis)

Eine Freundin erzählte mir, dass Sie diese Technik bei nächtlichen Gesprächen von ihren katholischen College-Kommilitoninnen gelernt hat.

Schritt 1. Tragen Sie das Gleitmittel Ihrer Wahl großzügig auf beide Hände auf.

Schritt 2. Halten Sie den erigierten Penis mit einer Hand fest.

Schritt 3. Bringen Sie die andere Hand wie einen offenen Regenschirm über der Eichel in Position. Seien Sie mit Ihren Nägeln vorsichtig! Die Fingerspitzen müssen wie das Ende einer Trompete ausgestellt sein.

Schritt 4. Während Ihre Finger nach unten zeigen und die Eichel umschließen, senken Sie die »Schirm«-Hand, wobei Sie sie wie beim Entsaften einer Zitrone hin- und herbewegen. Senken Sie die Hand, bis die Penisspitze die Handfläche berührt.

3   4

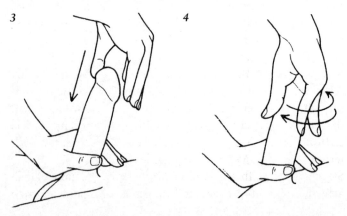

Schritt 5. Drehen Sie die Hand ein paar Sekunden lang auf der Eichel hin und her, arbeiten Sie sich drehend wieder nach oben vor, und beginnen Sie erneut.

Schritt 6. Wiederholen Sie das Ganze.

Tipps für tolle »Handarbeiten«:

- Männer sagen, dass drei Dinge beim Eindringen in eine Frau besonders angenehm sind: ihre Körperwärme, die Feuchtigkeit und eine eng anliegende Scheide. Aus diesem Grund werden bei allen Techniken warmes Gleitmittel und sanfter Druck eingesetzt.

- Umfragen haben ergeben, dass die »Ode an Bryan« aus zwei Gründen die beliebteste Technik ist: die Drehung versetzt den Mann in Ekstase, und die nach oben gerichtete, lange Streichbewegung ähnelt stark der Technik, die Männer einsetzen, wenn sie masturbieren oder eine Erektion bekommen wollen.

- Bei manchen Männern ist der Penis im Bereich der Eichel sehr empfindlich, ähnlich wie bei Frauen, für die direkte Stimulation der Klitoris zu viel ist. In diesem Fall ist es besser, die Bewegung auf den Bereich knapp unterhalb der Penisspitze zu konzentrieren.

- Es gibt keine Regeln bezüglich der Dauer. Wenn es seit seiner letzten sexuellen Begegnung eine Weile her ist, wird er wahrscheinlich schnell zum Orgasmus kommen. Oft sind die manuellen Techniken ein Vorspiel zur Fellatio und/oder dem direkten Geschlechtsverkehr. Es sollte so lange dauern, wie es Ihnen beiden Spaß macht, bis Sie etwas anderes tun wollen oder bis die »Mission« abgeschlossen ist.

- Sie müssen mit Ihrem Partner kommunizieren und darauf achten, dass Sie bei Ihren Berührungen ausreichenden Druck oder genug Kraft ausüben, damit es für ihn erregend ist, aber nicht so viel, dass es für ihn unangenehm ist. Unter besonders unglücklichen Umständen »bricht« der Penis beim Masturbieren oder Geschlechtsverkehr praktisch »zusammen«.

- Wenn Sie zu Hause sind, halten Sie ein Handtuch oder Tuch in greifbarer Nähe. Für unterwegs könnten Sie Papiertaschentücher mitnehmen. Denken Sie daran, dass die Ejakulationsflüssigkeit bei Männern nur etwa einen Teelöffel ausmacht, es sei denn, sie haben lange nicht ejakuliert. Eine Lieblingsmethode im Seminar ist die Verwendung eines warmen oder heißen Waschlappens: wenn er seinen Orgasmus hatte, bereiten Sie den Lappen vor. Legen Sie ihn auf seinen Lendenbereich und säubern Sie ihn. Wärme und Feuchtigkeit haben eine ungeheuer beruhigende Wirkung und geben ihm das Gefühl, umsorgt zu werden.

Sie sollten die Macht Ihrer Hände nicht unterschätzen. Und wie Sie bald entdecken werden, ist eine helfende Hand der Schlüssel für tollen oralen Sex.

7. Kapitel

Bringen Sie ihn um den Verstand!

Anleitungen für lustvollen oralen Sex

»Zu lernen, wie man tollen oralen Sex praktiziert,
ist ein Geheimnis, das Frauen bereits seit Jahrhunderten
interessiert. Frauen wollen diese Informationen haben;
und Männer lieben Frauen, die sich auskennen.«
*Bryce Britton, Sextherapeutin
und Seminarteilnehmerin*

Das größte Geschenk – oraler Sex

Sie sind wahrscheinlich nicht die Einzige, die dieses Buch an dieser Stelle aufgeschlagen und die anderen Kapitel übersprungen hat. Ich habe bisher noch keine Frau getroffen, die ihre Kenntnisse in Bezug auf oralen Sex nicht verbessern wollte. Und wer könnte es uns verdenken? Wenn es eine Technik gibt, die ein Lächeln auf das Gesicht eines Mannes zaubert, ist es sicherlich diese hier. Und wenn *Sie* erst einmal das Gefühl haben, dass Sie Ihren Partner zu hundert Prozent aus *freien* Stücken oral befriedigen, wird *er* dieses Geschenk noch mehr zu schätzen wissen.

Warum lieben Männer oralen Sex so sehr? Diese Frage wurde mir unzählige Male gestellt. Da wir den Penis und die damit einhergehende Psychologie nicht aus eigener Erfahrung

kennen, müssen wir uns die Antwort direkt an der Quelle be-
schaffen. (Mit der Quelle meine ich die Männer, meine
Damen. Obwohl es bisweilen so scheint, hat der Penis nicht
wirklich seinen eigenen Kopf.) Ein siebenunddreißigjähriger
Arzt brachte es auf den Punkt: »Oraler Sex kann nie schlecht
sein.«

Auf diese ewige Frage gibt es die verschiedensten Antworten. Manche Männer lieben oralen Sex, weil sie sich dann ganz
hingeben können. Ein Börsenmakler aus New York meinte:
»Ich habe meinen liebsten und empfindsamsten Besitz in *ihrem*
Mund, zwischen *ihren* Kiefern und nur Zentimeter entfernt
von *ihren* Zähnen! Wenn ich jemals eine Situation nicht unter
Kontrolle habe, dann diese. Und *genau* das liebe ich daran. Für
mich bedeutet es die *Aufgabe* von Macht ... für eine viel
größere Sache.«

Es gibt auch Männer, die oralen Sex überhaupt nicht für
»richtigen« Sex halten. Für sie dient oraler Sex zum Abbau sexueller Spannungen, ohne dabei dieselben Risiken – körperlicher oder emotionaler Art – wie beim Geschlechtsverkehr einzugehen.

Doch der häufigste Grund, der von Männern genannt wird,
ist die Tatsache, dass sie nichts tun müssen: Wir Frauen tun
alles für sie, sodass sie sich ganz auf ihr Vergnügen konzentrieren können. Ihr Mund fühlt sich an seinem Penis sensationell
an und macht das Ganze zu einer viel persönlicheren und inti-
meren Erfahrung. Ein Banker aus Chicago meinte dazu: »Der
Mund ist viel vielseitiger als die Scheide.« Es stimmt: Wir können unseren Mund viel stärker kontrollieren als unsere
Scheide. Da Männer solche »Augenmenschen« sind, ist es für
sie besonders erregend zu sehen, welche Verwandlung mit
ihrem Penis direkt vor ihren Augen vorgeht.

Meiner Meinung nach ist oraler Sex das größte Geschenk
der Intimität, das eine Frau einem Mann machen kann. Be-

rührung, Sehen und Hören lösen eine Fülle an Empfindungen aus. Viele Männer haben gesagt, dass sie dabei das Gefühl haben, in ihrem eigenen erotischen Film mitzuspielen, mit dem Unterschied, dass sie dabei nicht schauspielern. Schließlich können sie zum Orgasmus kommen, ohne körperlich dafür zu arbeiten. Aus diesem Grund ist oraler Sex ein wahres Geschenk an ihren Partner.

Ich muss noch einmal betonen, dass mir der Begriff ihm »einen blasen« noch nie gefallen hat, und ich ihn nicht gerne benutze. Meiner Meinung nach ist es eine falsche Bezeichnung, da dabei ja überhaupt nicht geblasen wird. Zum Ursprung dieses Ausdrucks gibt es mehrere Theorien. Eine, die meiner Meinung nach am glaubwürdigsten ist, geht auf das Ende der vierziger Jahre zurück, als Jazzmusiker diesen Akt als »Spielen der Flöte« bezeichneten. Daraus entwickelte sich dann der Begriff »einen blasen«. Bilden Sie sich Ihr eigenes Urteil. Doch wenn Sie oralen Sex mit Ihrem Partner erst einmal genießen, werden Sie sicherlich einen Begriff finden, den Sie gerne benutzen. Die meisten Männer verwenden allerdings den besagten Ausdruck.

Es gibt mehrere Geheimnisse zum Thema oraler Sex, die ich an Sie weitergeben möchte. Der Schlüssel zu Erfolg und Genuss liegt beim oralen Sex darin, dass Sie *die Kontrolle übernehmen.* Oraler Sex macht sehr viel mehr Spaß, wenn Sie nicht so schwer arbeiten müssen. Wenn *Sie* die Geschwindigkeit und Position kontrollieren, in der sein Penis in Ihren Mund eindringt, besteht kaum das Risiko, dass Sie würgen müssen. Sie entscheiden, wie weit Sie seinen Penis aufnehmen, und wenn es sich irgendwie nicht gut anfühlt, ziehen Sie ihn einfach wieder heraus. Wenn sich Ihr Mund erst einmal an seinen Penis gewöhnt hat, werden Sie ihn mit der Zeit immer weiter aufnehmen können, wenn Sie möchten. Auch wenn Sie nichts anderes in Bezug auf oralen Sex lernen wollen, sollten Sie an diese eine Sache denken: Damit diese Technik wirkungsvoll ist, müssen

Sie die Führung übernehmen. Es ist etwas, das Sie für *ihn* tun, nicht etwas, das er für sich selbst *durch* Sie tut.

Warum manche Frauen davor zurückschrecken

In all den Jahren, in denen ich diese Seminare geleitet und mit Frauen über ihre sexuellen Erfahrungen gesprochen habe, musste ich feststellen, dass ein großer Unterschied zwischen den Frauen besteht, die Fellatio *genießen,* und jenen, bei denen dies nicht der Fall ist. Die Frauen, denen es gefällt, sind die Frauen, die es *tun* (aktiv). Diejenigen, die Fellatio nicht genießen, haben das Gefühl, dass es ihnen *angetan* wird (passiv) und halten sich aus diesem Grund möglichst davon fern.

Es sollte keine Forderung sein

Die meisten Frauen erleben oralen Sex zum ersten Mal, wenn der Partner sie dazu auffordert. Wahrscheinlich bittet er sie direkt darum oder drückt einfach den Kopf seiner Partnerin in die Richtung seines Penis. In beiden Fällen wird sie jedoch dort keine Bedienungsanleitung finden, nach der sie sich richten könnte. Bei dem Versuch, ihr seine Wünsche klar zu machen, wird er normalerweise anfangen, seinen Penis in ihren Mund zu stoßen und wieder herauszuziehen. Für die meisten Frauen fühlt sich das nicht besonders gut an und macht mit Sicherheit keinen Spaß. Außerdem wissen Männer meistens nicht, wie sie genaue Anweisungen geben sollen und warum sich eine bestimmte Aktion gut anfühlt. Obwohl Männer sich an den besten oralen Sex oder die schönste manuelle Stimulation in der Vergangenheit erinnern können, wissen sie oft nicht mehr, was genau dabei geschehen ist. »Ich weiß, wer es war, aber ich weiß nicht mehr, was sie gemacht hat«, berichtete ein Mann.

Würgen

Ein Hauptgrund, der von Frauen, die oralen Sex nicht mögen, immer wieder genannt wird, ist die Tatsache, dass sie zu würgen beginnen, wenn sie den Penis in ihrem Hals spüren. Dies ist ein häufiges Problem, und einen Mann oral zu befriedigen muss erlernt werden. Mutter Natur hat uns mit dem Würgereflex ausgestattet, um den Rachen zu schützen. Ein Freund von mir, der nicht homosexuell ist, zeigte Interesse an einem Experiment und benutzte einen meiner »Unterrichtsgegenstände« aus den Seminaren. Nachdem er mehrmals versucht hatte, den ganzen Dildo (der allerdings fünfzehn Zentimeter lang war) tief in den Mund zu stecken, fragte er: »Wie lernen die Frauen das nur?« Wahrscheinlich werden Sie beim oralen Sex auch würgen, wie es die meisten Frauen tun. Die Fertigkeit besteht darin, zu lernen, wie man diesen Würgereflex in den Griff kriegen kann. Wenn möglicherweise schon die Zahnbürste zum Würgen reizt, wie sollte es dann bei einem Penis anders sein? Es ist für *niemanden* natürlich, sich Fremdkörper in den Rachen stecken zu lassen.

Geheimtipp aus Lous Archiv

Das tiefe Eindringen in den Rachen, nach dem viele Männer sich sehnen, ist eine Idee der Pornoindustrie. Wir sollten nicht vergessen, dass die Drehbücher der meisten Pornofilme an männlichen Fantasien ausgerichtet sind. In der Realität kann eine Frau dies nur selten tun.

Schwer zu schlucken?

Neben dem Würgereflex ist das Schlucken der andere Grund, warum Frauen oralen Sex nicht mögen, wie ich in Gesprächen erfahren habe. Die Frage, ob sie das Sperma schlucken sollten, ist für viele Frauen seit Urzeiten ein Problem. Als Erstes sollten

Sie sich klarmachen, dass Sie nicht schlucken müssen, wenn Sie dies nicht wollen. Nicht zu schlucken bedeutet nicht, dass Sie eine schlechte Liebhaberin sind, und dem Vergnügen des Partners beim Orgasmus wird dadurch kein Abbruch getan. Ein Mann, der Ihnen etwas anderes erzählt, verdient das Geschenk der Fellatio nicht, Punkt. Eine Sexualtherapeutin, die jetzt Mitte Fünfzig ist, berichtete mir, dass sie früher beim oralen Sex immer das Sperma ihres Mannes geschluckt habe. Aus irgendeinem Grund macht es ihr heute keinen Spaß mehr, und nun unterlässt sie es. *Sie* treffen die Entscheidung, meine Damen.

Egal, ob Sie schlucken wollen oder nicht, sollten Sie fairerweise erfahren, dass es Männer *tatsächlich* antörnt, wenn sie sehen, dass ihre Partnerin ihr Sperma schluckt. Die Tatsache, dass sie im Mund ihrer Partnerin ejakulieren dürfen, gibt ihnen das Gefühl, angenommen zu werden. Sie sagen, dass es etwas ganz Besonderes und ein Zeichen großer Intimität ist. Aus diesem Grund ist es (wenn Sie *nicht* möchten, dass er in Ihrem Mund »kommt«) freundlicher, keine Wörter wie »abartig« und »ekelhaft« zu verwenden, um Ihre Entscheidung zu erklären. Denken Sie daran, was Sie empfinden würden, wenn er solche Wörter verwenden würde, um zu erklären, warum er Sie nicht schmecken möchte.

Geheimtipp aus Lous Archiv

Ich habe meine eigene Theorie, warum das Schlucken von Sperma eine Herausforderung bedeuten kann. Direkt nach der Ejakulation geliert Sperma als natürlicher Schutz gegen die »feindliche« Scheidenflora, sodass einige Frauen seine Beschaffenheit als unangenehm empfinden. Außerdem haben Spermien es an sich, berg*auf* zu reisen. Die armen Teufel können nichts dafür. Das Schlucken aber ist eine nach unten gerichtete Aktion, und diese kleinen Kerle tun alles, um nach *oben* zu gelangen.

Geheimtipp aus Lous Archiv

Nach dem Verzehr von Nahrungsmitteln wie Melone, Kiwi, Ananas, Stangensellerie oder Erdbeeren hat der männliche Samen einen etwas anderen, süßeren Geschmack.

Als Kompromiss erlauben viele Frauen es dem Partner, in ihrem Mund zu kommen, und lassen das Sperma dann an den Seiten heraustropfen, statt es zu schlucken. Die »Siegel- und Ringtechnik«, die später in diesem Kapitel erläutert wird, ermöglicht es Ihnen, die Hand zum *Auffangen* des Spermas einzusetzen, ohne dass er etwas merken wird. Er wird überzeugt sein, dass er in Ihrem Mund gekommen ist. Es gibt noch viele andere Alternativen. Eine Frau, die als persönliche Assistentin in San Francisco tätig ist, berichtete: »Kurz bevor er kommt, ziehe ich den Penis aus meinem Mund und reibe ihn an meine Wange, wobei ich meine warme, feuchte Hand einsetze, um den Kontakt aufrechtzuerhalten.« Ein Seminarteilnehmer aus New York machte diesen Vorschlag: »Meine Frau mag es nicht, wenn ich in ihrem Mund komme. Kurz bevor ich zum Orgasmus komme, gebe ich ihr ein Signal. So weiß sie, wann sie meinen Penis herausziehen muss.«

Über den Ernährungs- und Kalorienwert des männlichen Spermas wird bereits seit Urzeiten debattiert und diskutiert. Frauen, die das Sperma gerne schlucken, sind überzeugt davon, dass Sperma köstlich schmeckt, dass es eiweißreich ist und sogar wunderbar als Gesichtsmaske verwendet werden kann. Frauen, die es nicht gerne schlucken, sagen, dass es dick macht und einen hohen Natriumgehalt hat. In Wirklichkeit enthält Sperma den einfachen Zucker Fruktose. Die bei einer Ejakulation abgegebene Menge enthält etwa 6 Kalorien.

Andererseits ist es möglich, den Geschmack von Sperma durch die Ernährung zu beeinflussen. Die alte Weisheit »Man ist, was man isst« war nie wahrer als beim Geschmack im Intimbereich (dies trifft auch auf *Ihren* Geschmack zu, meine Damen). Wenn Sie sein Sperma schlucken *wollen,* aber den Geschmack einfach nicht mögen, sollten Sie nicht aufgeben, bis sie seinen Speiseplan etwas verändert haben. Es besteht noch Hoffnung. Der Verzehr von Obst verleiht dem Sperma einen wenig intensiven Geschmack, der viel angenehmer ist, als wenn er Brokkoli, Spargel oder salzhaltige Nahrungsmittel isst. Nach dem Verzehr von rotem Fleisch ist Sperma dicker und gummiartiger. Bier und Spirituosen produzieren ebenfalls einen bitteren, unangenehmen Geschmack beim Sperma. Und ich muss wohl nicht erwähnen, dass das Rauchen jeder Art (Zigaretten, Marihuana, Zigarre oder Pfeife) den Geschmack der intimen Säfte negativ beeinflusst (das gilt auch für Sie, meine Damen). Außerdem kann jede Art von Medizin oder Vitaminen den Geschmack und manchmal auch die Konsistenz von Sperma verändern.

Wenn Sie es mit einer Änderung seiner Ernährungsweise versucht haben, aber den Geschmack *noch immer* unangenehm finden, sollten Sie dies nicht zu tragisch nehmen. Das Schlucken ist keine Pflicht, und nur etwa zwanzig Prozent der Frauen tun dies beim oralen Sex. Diese Form von oralem Sex gehört allein *Ihnen,* und nur Sie bestimmen darüber. Wenn Sie die hier beschriebenen Techniken befolgen, wird er beim Ejakulieren gar nicht merken, *wo* sein Sperma landet, und wahrscheinlich wird es ihm völlig egal sein. Er wird nur dankbar sein, dass Sie ihn auf diese Weise zum Orgasmus gebracht haben.

Die einzelnen Schritte

Das zweite Geheimnis, das ich Ihnen anvertrauen möchte, ist ganz einfach: Es gibt fünf wichtige Elemente, die jeweils unterschiedlich eingesetzt werden können, um für den Partner eine wunderbare orale Sexualerfahrung zu kreieren.

Siegel und Ring

Wenn Sie den Penis Ihres Partners im Mund haben, besteht die beste Vorkehrung gegen das Würgen darin, dass Sie die Kontrolle übernehmen. Eine der besten Möglichkeiten ist dabei eine Technik, die ich als »Siegel und Ring« bezeichne. Dazu bilden Sie mit Daumen und Zeigefinger ein variables »Okay«-Zeichen, das Sie an *Ihre* Lippen legen. Auf diese Weise verlängern Sie nicht nur Ihren Mund (der durchschnittliche Penis ist zwölf bis fünfzehn Zentimeter lang, während der durchschnittliche Mund nur fünf bis acht Zentimeter lang ist). Das ist das »Siegel«. Dann üben Sie mit Daumen und Zeigefinger mehr oder weniger Druck aus und legen damit fest, wie tief sein Penis in Ihren Mund eindringen kann; das ist der »Ring«.

Wenn Sie beim oralen Sex feststellen, dass er trotz aller Bemühungen zu tief in Ihren Mund eindringt und Sie das Gefühl haben, gleich zu ersticken, können Sie mit Hilfe folgender Tipps den Würgereflex reduzieren:

- Machen Sie keine Bewegungen mit dem Mund, bis das Gefühl vergeht. Bewegen Sie nur die Hand weiter, damit er die Empfindung und seine Erektion nicht verliert.
- Gehen Sie zu einer anderen Technik wie Lecken oder dem »Großen W« über (mehr dazu später in diesem Kapitel).
- Werden Sie langsamer, und atmen Sie tief ein. Er wird Ihre tiefe Atmung wahrscheinlich auf Ihre sexuelle Erregung zu-

rückführen, und Sie geben dem oberen Rachenbereich Gelegenheit, sich zu entspannen.

• Verändern Sie den Winkel, in dem sein Penis in Ihren Mund eintritt. Eine einfache Positionsveränderung kann viel bewirken. Wenn sein Penis gerade in Ihren Mund eindringt, reicht er direkt in Ihren Rachenraum, was jede Frau zum Würgen bringen würde. Der Trick besteht darin, dass *Sie* zwischen seinen Beinen sitzen und seinen Penis von oben mit Ihrem Mund aufnehmen. Denken Sie daran: Es geht darum, dass Sie etwas mit ihm machen und nicht umgekehrt. Wenn Sie seinen Penis von oben aufnehmen, haben Sie die notwendige Kontrolle, damit er nicht weiter eindringen kann, als es für Sie angenehm ist. Sie müssen sich keine Sorgen machen, dass er zu tief in Ihren Rachen eindringt. Der weiche Gaumenbereich ist sehr flexibel und kann einen durchschnittlich großen Penis leicht aufnehmen.

Geheimtipp aus Lous Archiv

Dieser Rat stammt von einer Fitnesstrainerin. Wenn sie »dort unten« eine Pause braucht, schiebt sie die Penisspitze aus der Mitte des Mundes in den weichen Wangenbereich. Sie fährt mit den Bewegungen fort, aber sie kann leichter atmen und überschüssigen Speichel schlucken.

Durch die Verwendung von »Siegel und Ring« können Sie für ihn wirkungsvoll die Empfindung eines tiefen Rachens schaffen, ohne dass der ganze Penis in Ihrem Mund steckt. Ein Mann beschrieb seine Erfahrung so: »Meine Frau kann meinen Penis bis hinten in ihren Mund aufnehmen, wenn ich eine Erektion habe, und ich kann ihren Rachen spüren, der sich weich und feucht anfühlt. Wenn sich mein Penis dort befindet, schluckt sie, was sich toll anfühlt, aber noch toller ist es, wenn mein Penis weich ist, da das Gefühl dann zehnmal so intensiv ist.«

Lassen Sie sich von Ihren Händen helfen

Wenn Sie oralen Sex durchführen, setzen Sie auch die Hände ein. Dieser Aspekt von oralem Sex hat mit mathematischer Logik zu tun. Der Mund der Durchschnittsfrau misst etwa fünf bis acht Zentimeter von den Lippen bis zum Rachen. Der Penis des Durchschnittsmannes ist zwölf bis fünfzehn Zentimeter lang. Und darin besteht das Dilemma. Vom mathematischen Standpunkt her ist es unmöglich, den ganzen Penis des Durchschnittsmannes im Mund der Durchschnittsfrau unterzubringen, ohne irgendwelche Anpassungen vorzunehmen. Doch der Unterschied lässt sich auf einfache Weise wettmachen.

Erinnern Sie sich an das Siegel? Stellen Sie sich vor den Spiegel, und bilden Sie mit der Hand eine Art Megafon (die Finger formen einen Zylinder), das Sie an den Mund halten. Ihre Hand sollte immer in dieser Position sein, wenn sein Penis in Ihren Mund eindringt. So entsteht das Gefühl einer Röhre, die lang genug ist, um seinen ganzen Penisschaft aufzunehmen, während Sie gleichzeitig mit Hilfe des »Rings« überwachen können, wie weit sein Penis in Ihren Mund eindringt, und dadurch das »Siegel« bilden (d.h. Ihre Hand sollte wie ein *Siegel* eng an Ihren Lippen anliegen).

Auf- und Abbewegung

Mit der Hand als »Siegel« am Mund, wobei die Zähne von den Lippen oder durch Ihre Hand bedeckt sind, bewegen Sie sich entlang des Schafts (oder so weit es angenehm ist) nach oben und unten, wobei Sie die Geschwindigkeit und die Länge der Bewegung variieren. Sie können den auf den Schaft ausgeübten Druck verändern, indem Sie den Mund weiter öffnen oder mehr schließen. Ihr Mund wird dabei durch die Lippen, die die Zähne bedecken, abgepolstert. Wenn Sie feststellen, dass Lippen und Kiefer schmerzen, setzen Sie den an Ihrem Mund mit den Fingern geformten »Ring« ein.

Handdrehung

Die Hand, die direkt an Ihrem Mund anliegt, dreht sich in einer halben Pirouettenbewegung vor und zurück (siehe Kapitel 6).

Auf die Stiefkinder aufpassen

Dieser hübsche Begriff stammt von einer Seminarteilnehmerin, und ich habe ihn mir gemerkt. Als eine Frau aus Dallas lernte, wie die Hoden des Mannes mit einbezogen werden können, sagte sie: »Sie sind wie Stiefkinder und werden oft vernachlässigt!« Tatsache ist, dass Männer es wirklich genießen, wenn man richtig mit ihren »Bällen spielt«.

Es ist sehr einfach, ein kleines »Ballspiel« beim oralen Sex einzubauen. Schließlich haben Sie ja noch eine Hand frei. Während eine Hand an Ihrem Mund anliegt und sich an seinem Schaft auf und ab bewegt, kann die andere Hand seine Hoden liebkosen. Auf diese Weise wird der Bereich besonders sexueller Empfindung und sexuellen Vergnügens erweitert. Ich werde einige Techniken erläutern, aber ich muss wohl nicht betonen, dass man in diesem Bereich sanft vorgehen muss. Männer sind hier äußerst empfindsam. Wenn Sie es richtig machen, werden Sie den Orgasmus für ihn praktisch neu definieren. Machen Sie es falsch, wird das Ganze eine völlig gegensätzliche Wirkung haben, und er wird vor Schmerzen aufschreien! Schließlich werden die Hoden nicht umsonst als »Familienschmuck« bezeichnet.

Sie sollten an zwei Dinge denken, bevor Sie mit Ihrem Partner »Ball spielen«. Zum einen ist es die Frage, ob *Sie* jemals die

Hoden eines Mannes liebkost haben, und zum anderen, ob seine Hoden schon jemals in das Liebesspiel einbezogen wurden. Wenn Sie dieses zarte Säckchen noch nie berührt haben, ist es besser, etwas sanfter vorzugehen, statt zu viel Kraft einzusetzen. Dasselbe trifft zu, wenn Ihr Partner noch nie auf diese Weise liebkost wurde.

Ein weiterer Ort, an dem Sie beginnen können, ist jener haarlose Hautbereich zwischen After und Hoden – der Damm (Perineum). Während die eine Hand anderweitig beschäftigt ist, streicheln Sie ihn dort leicht mit den freien Fingern, so als würden Sie jemanden zu sich heranwinken. Wenn er sich an dieses Gefühl gewöhnt hat (was nicht allzu lange dauern sollte), necken Sie ihn, indem Sie mit derselben Bewegung seine Hoden streicheln. Wenn Sie dies ein-, zweimal getan haben, kehren Sie zu dem Bereich zwischen After und Hoden zurück. Er wird Sie wahrscheinlich auffordern, wieder seine Hoden zu berühren, oder versuchen, Ihre Hand dorthin zu lenken. Das ist ein gutes Zeichen, denn es bedeutet, dass er Ihnen vertraut und sich sicher fühlt. Lassen Sie ihn ruhig ein bisschen warten, da dies seine Erregung steigern wird. Sie werden sofort an seiner verbalen oder körperlichen Reaktion ablesen können, was ihn erregt.

Einige Männer mögen es sogar, wenn leicht an ihren Hoden gezogen wird. Sie dürfen die Hoden allerdings nicht zwicken oder kneifen. Eine Frau berichtete, dass ihr Mann es liebt, wenn sie kräftig an seinen Hoden zieht. Ich muss wohl nicht besonders erwähnen, dass eine gute Maniküre unabdingbar ist. Er wird nicht nur Ihre Hände genau beobachten, sondern auch jede raue Stelle an Ihren Fingernägeln spüren.

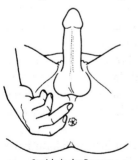

Streicheln des Damms

> *Geheimtipp aus Lous Archiv*
>
> Wenn Sie seine Hoden liebkosen, sollten sie wie kleine, zerbrechliche
> Eier behandelt werden.

Setzen Sie die freie Hand ein

Bewegen Sie die andere Hand, um seinen Körper zu erkunden.
Versuchen Sie es dabei einmal mit diesen Bewegungen:

- Kratzen Sie leicht seine Oberschenkel oder andere Bereiche,
  die Sie erreichen können. Wechseln Sie drehende und gerade
  Streichelbewegungen ab, damit er nicht abschätzen kann,
  was als Nächstes kommt.
- Achten Sie auf ausgewogene Empfindungen, d.h. setzen Sie
  jede Bewegung, die Sie an einer Körperseite ausüben, auch
  an der anderen ein.
- Streicheln Sie sein Schamhaar mit Ihren Fingern.
- Spielen Sie mit den »Stiefkindern« (wie in diesem Kapitel
  beschrieben).
- Streicheln Sie mit den Fingerspitzen über die Linie vom Nabel zum Schambein.
- Setzen Sie die Handkante wie einen Gummischrubber ein,
  sodass eine Welle mit leichtem Druck auf der Linie vom
  Nabel zum Schambein verläuft.

Setzen Sie den Mund ein
Fräulein Staubsauger

Wie stark sollten Sie saugen? Auf Grund der Anatomie unseres
Mundes können wir im Prinzip nur an den ersten vier Zentimetern des Penis saugen. Wenn sich der Penis tiefer in Ihrem
Mund befindet, müssen Sie die Zunge herunter fallenlassen, um
ihn aufzunehmen, und es ist gerade die am Gaumen anliegende

Zunge, die die Saugwirkung ausübt. Einige Männer sagen, dass sie eine geringere Saugwirkung bevorzugen, da ständiges Saugen alle Empfindung in der Penisspitze konzentriert, sodass sie sich nicht im gesamten Lendenbereich aufbauen kann. Andere Männer hingegen lieben dieses Sauggefühl und können gar nicht genug davon bekommen. Sie finden seine Vorlieben am besten heraus, indem Sie ihn darum bitten, so stark an Ihren Fingern zu saugen, wie er es mag. Anschließend saugen Sie an *seinen* Fingern, um festzustellen, ob Sie es richtig machen. Passen Sie die Saugstärke seinen Wünschen an.

Kegelübungen für den Rachen

Diese Technik ist besonders wirkungsvoll, wenn der Penis Ihres Partners noch nicht ganz erigiert ist. Eine Kegel-Übung für den Rachen ist das wiederholte Saugen an einem halb erigierten Penis, gefolgt von einer Schluckbewegung. Dadurch ändert sich nicht nur der halberigierte Zustand sehr wirkungsvoll, sondern er hat auch das Gefühl, dass sein ganzer Penis von Ihrem Mund aufgenommen wird, was im voll erigierten Zustand wahrscheinlich nicht möglich ist. Ein Mann meinte zu dieser Technik: »Meine Frau kann meinen Penis bei voller Erektion bis in ihren Rachen aufnehmen, aber ich empfinde zehnmal mehr, wenn er weich ist. Sie saugt mich einfach ein, und der Druck beim Schlucken ... wow!«

Er wird besonders angetörnt, wenn er Ihre Zunge an seinem Penis sieht *und* spürt. Nutzen Sie dies aus. Halten Sie den Penis mit einer Hand unten am Schaft gut fest, und fahren Sie mit der Zunge den Penis hinauf und hinunter und sanft über die Penisspitze, wobei er die rauere Oberseite Ihrer Zunge, wo sich die Geschmacksknospen befinden, aber auch die glattere, weichere Unterseite spüren sollte. Sie können die Zunge auch wie ein Werkzeug benutzen und die Gesamtlänge seines Penis wie eine Skulptur bearbeiten. Meine Damen, falls sein Penis nicht schon hart ist – wenn Sie mit Ihrer Zunge anfangen, wird er es bald sein. Glauben Sie mir!

Zungenmagie

Genau wie beim Küssen spielt die Zunge auch beim oralen Sex eine wichtige Rolle. Mein Freund Bryan erklärte: »Die Zunge sollte ständig in Bewegung sein.« Ihre Zunge kann ihm ein Vergnügen bereiten, wie er es nie für möglich gehalten hätte. Wir wollen etwas ausprobieren. Stellen Sie sich vor, dass Ihr Zeige- und Mittelfinger sein Penis sind. Bewegen Sie die Finger in Ihren Mund hinein und wieder heraus, wobei Sie die Zunge nicht bewegen. Wie fühlt sich das an? Wahrscheinlich feucht, warm und angenehm, aber nicht besonders aufregend. Probieren Sie es jetzt noch einmal, aber diesmal bewegen Sie die Zunge ganz um die Finger herum, und während Ihre Finger in den Mund hinein- und wieder herausgleiten. Wenn Sie mit der Zungenbewegung fortfahren, werden Ihre Finger mal mit der Zungenspitze, dann wieder mit dem Zungenrand und manchmal mit der Unterseite der Zunge berührt. Dies sorgt beim Penis für viel mehr Stimulation und macht ihn viel gleitfähiger. Stellen Sie sich vor, wie sich diese Technik am empfindlichsten Teil der Anatomie Ihres Partners anfühlt.

Zungenmagie weiter unten

Dieselbe »Zungenmagie« können Sie auch an den Hoden einsetzen. Um die Hoden des Partners lecken zu können, müssen Sie eine günstige Position einnehmen. Wenn Sie im Bett liegen, sollten Sie in etwa dieselbe Position suchen, in der er Sie oral stimulieren würde. Legen Sie ein Kissen unter seine Hüften, damit Ihr Hals nicht steif wird. Einige Männer in meinen Seminaren haben den Vorschlag gemacht, dass sich der Mann in einen Sessel setzt, während die Partnerin vor ihm kniet. Manche Männer genießen diese Technik auch, wenn sie stehen, während die Frau vor ihnen kniet. Wenn Sie meinen, dass Ihnen diese Position gefallen könnte, legen Sie für Ihre Knie ein Kissen auf den Boden, bevor Sie anfangen.

Das große W

Es gibt eine Technik, die ich als »großes W« bezeichne: Beginnen Sie mit der Zunge an der Stelle, wo sein Bein an der Lende ansetzt, und bewegen Sie sie wie ein Schreibinstrument in der Form eines großen »Ws« an einer Seite des Hodensacks nach unten, zwischen den Hoden hinauf und zum Schluss entlang der anderen Seite des Hodensacks. Dann kehren Sie das »W« um. Ihre Zungenspitze sollte in der Mitte des »Ws« über den Damm gleiten. Am Anfang und am Ende dieser Bewegung liegt Ihre Wange an einer Seite des Hodensacks an und sein Oberschenkel an der anderen Wange. Diese Technik hat den zusätzlichen Vorteil, dass Sie den Bereich mit Ihrem Speichel anfeuchten, sodass Sie seine Hoden leichter in den Mund nehmen können, was der nächste Schritt sein kann: »Teebeutel«.

Teebeutel

Eine weitere Technik, die Männer total genießen, bezeichne ich als »Teebeutel«. Ihr Partner liegt am Anfang auf Ihnen, und Sie bitten ihn, auf alle viere zu gehen und nach oben zu kriechen. Gleiten Sie unter ihm nach unten, wobei Sie seine Brust und seinen Bauch mit Küssen bedecken. Wenn sich Ihr Mund unterhalb seiner Lenden befindet, legen Sie die Hände auf seine Hüften, um seine Hoden in Ihren Mund zu lenken. Sein Penis wird dabei hart werden und auf Ihrer Stirn herum-

tanzen. Wenn Ihr Mund groß genug ist, nehmen Sie beide
Hoden auf. Wenn Sie es nicht schaffen, keine Sorge – den meisten Frauen gelingt das nicht.

Geheimtipp aus Lous Archiv

Wenn Sie einen seiner Hoden im Mund haben, fahren Sie mit der
Zunge über die Unterseite des Hodensacks. Das wird ihm gefallen!

Himmelreich

Manche Männer mögen es, wenn ihre Partnerin den Penisschaft mit einer Hand umfasst und über die gesamte Länge
hinweg am Penis »knabbert«, so als esse sie einen Maiskolben.
Eine Frau berichtete, dass ihr Freund sie bat, sanft mit den
Zähnen an der Haut des Vorhautbändchens (jener v-förmige
Bereich in Nähe der Penisspitze) zu knabbern, zu beißen und
zu ziehen, kurz bevor er zum Orgasmus kam. Als er sie anfänglich bat, stärker zuzubeißen, hatte sie Angst, ihm weh zu
tun, aber dann merkte sie, dass das nicht der Fall war. Eine
weitere Technik, bei der die Zähne eingesetzt werden, ist das
vorsichtige »Kämmen« der Penisspitze.

Auf dem Vorhautbändchen klimpern

Dabei setzen Sie die Unterseite der Zunge, jenen weichen Bereich mit dem kleinen Wulst in der Mitte, auf seinem Vorhautbändchen ein. Die Empfindung ist eine ganz andere als beim
Einsatz der Zungenoberseite oder -spitze. So nehmen Sie die
richtige Position ein:
• Halten Sie das Ende seines Penis unter Ihre Nase, wobei Ihr
  Kinn in Kontakt mit dem Schaft bleibt, um stabilisierend zu
  wirken.

- Die stützende Hand hält den Schaft, um die Penisspitze weg-zubiegen, sodass Sie genug Platz für eine volle Zungenbewe-gung haben (etwa vier Zentimeter).
- Streifen Sie mit der weichen, heißen Unterseite Ihrer Zunge schnell kreuzweise über sein Vorhautbändchen.
- Zusätzlich führen Sie mit der Hand eine halbe Pirouette am Schaft durch (siehe Kapitel 6).

Schauen Sie ihm in die Augen

Ein weiteres Geheimnis beim oralen Sex besteht darin, hin und wieder mit ihm in Augenkontakt zu treten – vorausgesetzt, es ist hell genug. Schließlich sind Sie ja nicht allein, meine Damen. Wenn Sie Ihren Partner gelegentlich anschauen, sieht er *Ihr* Vergnügen, wenn Sie ihn liebkosen. So können Sie ihm zeigen, dass Ihnen das, was Sie tun, gefällt (was ihn total erregen wird), aber auch, dass Sie die Kontrolle ausüben und er sich ganz entspannen und sicher fühlen kann.

Das größte Geschenk: Die Kombination der Techniken

Wenn Sie die zuvor beschriebenen Schritte zusammenbringen möchten, sollte es etwa so aussehen:

Siegel und Ring

1. Bilden Sie mit den Händen Siegel und Ring.
2. Bewegen Sie den Mund an der Ge-samtlänge des Penisschaftes hinauf und hinunter, während Sie so stark saugen, wie es für ihn angenehm ist. Dabei setzen Sie die an Ihrem Mund anliegende Hand zur Auf- und Ab-und für die Drehbewegung ein.

2

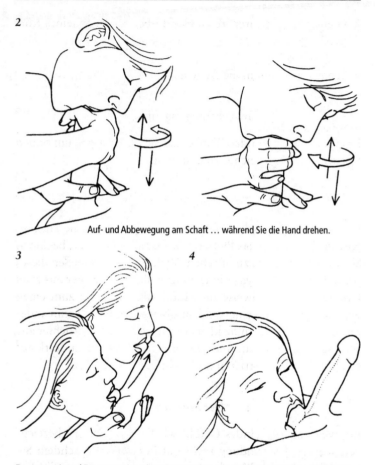

Auf- und Abbewegung am Schaft ... während Sie die Hand drehen.

3   **4**

Zungenmagie und Zungenmagie weiter unten   Sich um die Stiefkinder kümmern (Teebeutel)

3. Halten Sie die Zunge in Bewegung, und gehen Sie hin und wieder zur Zungenmagie und zum »großen W« über.

4. Vergessen Sie nicht, sich um die »Stiefkinder« zu kümmern, sei es durch Einsatz der Hände oder Ihres Mundes.

5. Gleiten Sie mit Ihrer freien Hand über den Rest seines Körpers.

6. Schauen Sie ihm in die Augen.

Abwechslung macht Spaß

Es gibt auch noch andere Dinge, die Sie tun können, um oralen Sex abwechslungsreicher zu gestalten.

Tricks mit Pfefferminz

Lutschen Sie ein starkes Pfefferminzbonbon oder eine Hustenpastille. Wenn sich das Pfefferminz fast aufgelöst hat, beginnen Sie, an seinem Penis zu lutschen. Viele Männer genießen dieses prickelnde Gefühl. Das Pfefferminz sollte vorher aber aus zwei Gründen schon teilweise im Mund schmelzen: 1) zum einen wird Ihr Mund von einer Schicht überzogen, und 2) zum anderen wird das Pfefferminz kleiner sein, sodass Sie es leichter zur Seite schieben können. Andernfalls werden Sie sich zu stark auf das Bonbon konzentrieren und nicht auf seinen Penis.

Der Summer

Ein weiteres prickelndes Gefühl wird als »Summer« bezeichnet, was die Empfindung recht gut beschreibt. Nachdem Sie seinen Penis in den Mund genommen haben, beginnen Sie, tief und vibrierend zu summen. Um eine Vorstellung davon zu bekommen, wie sich das anfühlt, stecken Sie erneut die Finger in den Mund und stöhnen leicht. Bei einer Veränderung der Stimmlage ändern sich die Vibrationen. Die intensivsten Vibrationen sind vorne, nicht hinten im Mund, wo sich das dichteste Gewebe befindet. Eine Frau erzählte, dass sie dafür sogar ihre Einkaufsliste aufsagen könnte, und ihrem Mann wäre das vollkommen egal. Er liebt einfach dieses Gefühl.

Heiß/Kalt

Manche Frauen berichten, dass ihr Partner gegenüber dem Prickeln ein kühles Gefühl bevorzugt. Wenn Sie das nächste Mal seinen Penis im Mund haben, versuchen Sie, ein paar Stücke zerstoßenes Eis im Mund herumzubewegen, während Sie ihm eine Zungenmassage geben.

Eine Variation dieser Technik, die für manche Männer genauso erotisch sein kann, besteht darin, den Mund zu erwärmen, bevor Sie seinen Penis aufnehmen. Nehmen Sie einen Schluck heißen Kaffee oder Tee, behalten Sie die Flüssigkeit kurz im Mund, bevor Sie sie schlucken, und nehmen Sie dann seinen Penis mit dem Mund auf, wobei Sie die Zunge in ständiger Bewegung halten. Ich verspreche Ihnen: Die morgendliche Tasse Kaffee wird nie mehr so sein wie früher.

Während Sie eine Hand oder Ihren Mund an seinem Penis haben, können Sie auch mit einem Eiswürfel leicht unterhalb der Hoden über den Damm reiben. Stecken Sie den Eiswürfel in ein Kosmetiktuch, da Sie ihn so besser festhalten können. Außerdem nimmt das Tuch gleichzeitig das Schmelzwasser auf. Halten Sie das Eis nicht zu lange an eine bestimmte Stelle – schließlich wollen Sie Ihren Partner ja nicht betäuben.

Tipps

• Sie werden bald feststellen, dass das Geheimnis von tollem oralem Sex darin besteht, Ihren »Rhythmus« zu finden, und dieser Rhythmus kann und wird sich mit jedem Partner und seinen Vorlieben und Abneigungen ändern. Sie werden aber bei jeder Begegnung Erfolg haben, wenn Sie an die vier verschiedenen Bewegungen denken, die Sie beim oralen Sex einsetzen können. Wann und wie Sie sie einsetzen, hängt von Ihrem Rhythmus ab, aber die Bewegungen an sich sind immer dieselben.

- Der weiche Gaumen im hinteren Rachenbereich ist sehr glatt und gibt stark nach, es sei denn, Sie leiden unter Mundtrockenheit. Dazu kann es kommen, wenn Sie viel Alkohol getrunken oder Salz gegessen haben. Aus diesem Grund ist es immer eine gute Idee, für alle Fälle ein Glas Wasser ans Bett zu stellen.

- Wenn Sie den Penis so weit mit dem Mund aufgenommen haben, wie es für Sie angenehm ist, halten Sie ihn dort für einen Augenblick, um sich an das Gefühl zu gewöhnen. Ihr Gaumen hat ein gutes Gedächtnis. Wenn er das nächste Mal in Ihren Mund eindringt, werden Sie ihn mindestens so weit aufnehmen können wie bei Ihrer letzten Begegnung. Mit ein wenig Übung und Geduld werden Sie ihn jedes Mal ein Stückchen weiter aufnehmen können, aber nur wenn Sie möchten. Linda Lovelace ist kein Vorbild für alle Frauen.

- Beim Saugen ist es besser, ab und zu kurz und heftig statt anhaltend zu saugen, da sich die Saugwirkung sonst zu stark auf die Penisspitze konzentriert.

- Manche Männer, die beschnitten sind, lieben es, wenn dem Narbengewebe liebevolle Aufmerksamkeit geschenkt wird. Ein Mann sagte: »Ich danke meinen Eltern jeden Tag dafür, dass sie mich haben beschneiden lassen. Ich mag es total, wenn meine Frau mit ihrer Zunge an dieser Stelle um meinen Penis herumfährt.«

- Seien Sie vorsichtig, was Ihre Zähne betrifft, wenn Sie oralen Sex durchführen. Eine Frau berichtete: »Erst als es schon passiert war, sah ich, dass ich den Penis meines Mannes mit der scharfen Kante meiner Krone verletzt hatte.«

Mit diesen Tipps werden Ihre Erfahrungen beim oralen Sex immer angenehm sein, und obwohl ich dies schon einmal gesagt habe, möchte ich es noch einmal wiederholen: das Vergnügen, das Sie empfinden, wenn Sie ihm auf diese Weise Lust bereiten, ist unbezahlbar. Und das Wissen, dass Sie allein in der Lage sind, ihn so zu befriedigen, spiegelt Ihre Macht und Ihre Weiblichkeit stärker wider als alles andere.

Wie immer beim Sex liegt der Schlüssel für tollen oralen Sex in der Kommunikation – seien Sie den Gefühlen und Wünschen Ihres Partners gegenüber offen. Männer können Ihnen mitteilen, was sie am meisten mögen, und Sie sollten keine Angst haben, Ihren Partner zu fragen. Und denken Sie daran: Wenn Sie bei Ihrem Partner oralen Sex praktizieren, ist dies ein Ausdruck höchster Intimität.

8. Kapitel

Bis zum Äußersten gehen

Nur für Abenteuerlustige in Sachen Sex

»Als ich die Erfahrung meiner Freundin in diesen Techniken
am eigenen Leib erfahren durfte, war dies der glücklichste
Augenblick in meinem jungen Leben. Plötzlich leuchteten
Farben stärker, das Essen schmeckte besser, und alles wurde
intensiver. Das kann man mir nicht nehmen. Fast hatte ich
das Gefühl, als hätte ich den Finger in die Steckdose gesteckt.«
Seminarteilnehmer, Romanautor, 40 Jahre alt

Falsche Vorstellungen von der »Hintertür«

Als Bryan (der Erfinder der »Ode an Bryan«) mir zum ersten
Mal von den Dingen erzählte, die in diesem Kapitel enthalten
sind, war meine erste Reaktion: »Du machst Witze, auf KEI-
NEN FALL!« Seine ruhige Antwort lautete: »Männer mögen
das. Und da es so wenige Frauen gibt, die davon wissen, ge-
schweige denn, es *tun*, wirst du ihn damit total überraschen.«
Er hatte Recht. Wovon er sprach, waren anale Spielereien manueller und oraler Art.

Unter Ihnen wird es sicher einige geben, die dieses Kapitel
für eine wahre Fundgrube halten, während es für andere ein
fremdes Land bleiben wird, das sie nie besuchen werden. Dieses Kapitel befasst sich mit Praktiken, die Frauen genießen und

mit denen sie ihr sexuelles Repertoire bereichern können, wenn sie sich mit sexuellen Dingen im Allgemeinen auskennen und in ihrer Beziehung ein hohes Maß von Vertrautheit erreicht wird. Vom praktischen Standpunkt her sollten Sie wissen, dass der After einer der empfindsamsten Bereiche des menschlichen Körpers ist.

Es gibt eine Menge falscher Vorstellungen, was analen Sex betrifft, besonders die Idee, dass er immer in Zusammenhang mit Homosexualität steht. Obwohl viele schwule Männer tatsächlich mit dem Vergnügen, das analer Sex bereitet, vertraut sind, habe ich bei meinen Studien erfahren, dass auch viele heterosexuelle Männer anale Spielereien genießen. Versuchen Sie also, diese altmodische Vorstellung zu vergessen. Eine Maklerin aus Los Angeles meinte zu diesem Thema: »Mein Freund sagte, dass er so etwas Tolles noch nie gespürt hat. Nicht nur die Empfindung war einfach unglaublich – die Tatsache, dass ich es war, die dies mit ihm tat, machte ihn noch heißer. Es war so gut, dass er Sterne gesehen hat, wie er sagte.«

Eine andere Frau vertraute mir Folgendes an: »Unser Sexualleben war recht langweilig geworden, und ich wollte ihm wieder die Magie verleihen, die es früher einmal hatte. Wir sind verheiratet, sodass die Beziehung zu einem neuen Partner keine Option für uns ist. Und als wir beide darüber sprachen, was wir tun könnten, waren wir beide überrascht, wie gerne wir anale Dinge ausprobieren wollten. Was wieder einmal zeigt, dass man so etwas erst erfährt, wenn man fragt.«

Manche Frauen genießen anale Spielereien ebenfalls. In manchen Fällen bevorzugen Frauen aus kulturellen oder religiösen Gründen sogar den Analverkehr. Sie müssen sich keine Sorgen machen, schwanger zu werden, und können ihre Jungfräulichkeit bis zu ihrer Heirat bewahren.

Ich möchte auch darauf hinweisen, dass die persönliche Offenheit und das Wohlgefühl bei dieser oder anderen sexuellen

Praktiken *nichts* mit Geschick oder Kühnheit zu tun haben. Lassen Sie sich also von niemandem einreden, dass Sie diese Dinge tun würden, wenn Sie weniger verklemmt (oder was auch immer) wären. Diese abgedroschene Einstellung erinnert an die Tricks aus der Schulzeit, als die Jungen versuchten, einen unter Druck zu setzen: »Wenn du mich wirklich lieben würdest, würdest du ...« Ich schlage vor, dass Sie in solchen Fällen Folgendes sagen: »Ein Gentleman *bittet* um etwas, er setzt andere nicht unter Druck. Und ein solcher Gentleman bekommt normalerweise, was er sich wünscht.«

Es verhält sich also wie mit allen anderen sexuellen Praktiken. Wenn es das Richtige für Sie ist – toll. Und wenn nicht, dann gibt es viele andere Möglichkeiten, wie Sie und Ihr Partner sexuellen Genuss erleben können.

Das Wichtigste zuerst

- Ich muss wohl nicht betonen, dass in diesem Kapitel Sauberkeit an erster Stelle steht. Die hier beschriebenen sexuellen Begegnungen sollten immer erst nach einer Dusche, einem heißen Bad oder der Benutzung eines Bidets stattfinden. Es sind keine Dinge, die man gleich nach Besuch des Fitnessstudios macht. Ein Mann rief seiner Frau bei Betreten des Hauses zu: »Liebling, ich hab' mich im Bidet gewaschen!«
- Wenn Sie in seinen Anus eindringen wollen, sollten Sie auf Ihre Nägel achten. Sorgen Sie dafür, dass sie kurz genug sind, indem Sie sie zuerst bei sich selbst ausprobieren. Sie werden überrascht sein, wie kurz sie sein sollten. Die Nagelspitze ist wichtig, aber noch wichtiger ist der seitliche Rand. Der After ist am Eingang am engsten, und dort wird Ihr Partner Ihre Nägel am meisten spüren.
- Die Techniken, die Sie an Ihrem Partner ausprobieren wollen, können Sie leicht vorher bei sich selbst testen. Auf diese Weise können Sie Ihrem Partner auch bessere Anweisungen geben.

- Da dieser Bereich der Genitalien sich nicht selbst anfeuchtet und das Gewebe sehr zart ist, müssen Sie ein Gleitmittel verwenden und darauf achten, dass es eine Wassergrundlage hat, wenn Latexkondome verwendet werden sollen.

Geheimtipp aus Lous Archiv

Ein kürzlich entleerter Darm enthält in der Regel weniger Bakterien als der Mund.

Die drei Juwelen

Der Analbereich steckt voller Nervenenden und ist daher äußerst empfindsam. Es gibt drei grundlegende Möglichkeiten, anale Sexspiele zu genießen.

Anale Stimulation

Die Tatsache, dass sich anale Stimulation so gut anfühlt, hängt mit unserer Anatomie zusammen. Um dies besser zu verstehen, sollten Sie sich vor Augen führen, was die Beckenbodenmuskulatur im Augenblick des Orgasmus tut. Einer ihrer Muskeln ist ein Aufhängemuskel (wie eine Hängematte), der bei beiden Geschlechtern waagrecht in Form einer Acht von der Vorderseite zur Rückseite des Beckens verläuft. Beim Orgasmus zieht sich dieser Muskel bei beiden Geschlechtern rhythmisch in 0,8-Sekunden-Intervallen zusammen. Die meisten Frauen sind mit dem Pulsieren der Scheide beim Höhepunkt vertraut, sind sich aber nicht bewusst, dass der After gleichzeitig pulsiert. Da der After durch diese Muskelschicht verläuft, zieht er sich bei den Kontraktionen ebenfalls zusammen.

Anale Stimulation kann manuell durch Einführen der Finger

oder von Spielzeug wie Analperlen, oder Vibratoren erfolgen. Hier einige Tipps:

- Setzen Sie stets sanften Druck ein.

- Achten Sie darauf, dass das Spielzeug keine rauen Kanten hat; verwenden Sie eine Nagelfeile, um sie abzufeilen.

- Verwöhnen Sie ihn durch unterschiedliche Berührungen: Kreise um den After herum oder Streichelbewegungen, die nur den Rand einbeziehen, das Schreiben von Buchstaben des Alphabets – Sie können dabei sogar die Schriftart wechseln.

- Sie können erregende Vibrationen mit den Fingern oder einem schlanken Vibrator erzeugen.

- Um den sensiblen Bereich langsam auf die Penetration vorzubereiten, versuchen Sie, einen Finger eine Minute lang einzuführen, dann zwei Finger für zwei Minuten.

- Statt die Finger nur still im After zu lassen, bewegen Sie sie in einem Bereich von etwa zwei bis drei Zentimetern mit einer sanften, gekrümmten Bewegung hinein und hinaus. Diese gekrümmte Bewegung sollte von der Vorder- zur Rückseite seines Körpers erfolgen, nicht von einer Seite zur anderen.

- Indem Ihr Partner tief einatmet und leicht nach unten drückt, entspannt sich der Schließmuskel im After, und die Penetration wird erleichtert. So ist es einfacher, einen Finger, einen kleinen Vibrator oder Analperlen einzuführen.

- Spielzeug, das für das Analspiel eingesetzt wird, darf nur zu diesem Zweck verwendet werden. Paare, die Sexspielzeug besitzen, sollten es in verschiedenen Beuteln aufbewahren, damit das Spielzeug für Scheide und After nicht verwechselt wird.

- Analperlen, die in den After eingeführt werden, können im After vor oder während des Orgasmus hin und her gerüttelt werden oder alle auf einmal oder nacheinander herausgezogen werden. Am Ende der Analperlen sollte sich ein Ring be-

finden, damit sie nicht ganz in den After eingeführt werden
können.

***

Geheimtipp aus Lous Archiv

Wenn Sie nicht bereit sind, in seinen After einzudringen, können Sie
versuchen, den Außenbereich mit der Daumenfläche zu massieren.
Sie werden sehen, wie sehr ihn das anmacht, und man weiß nie, wozu
Sie das noch verleiten könnte.

***

Massage des männlichen G-Punkts
oder Prostatamassage

Dies ist das männliche Äquivalent zur Massage des G-Punkts
bei der Frau. Viele Frauen kennen den »heißen Punkt« am
Damm unterhalb der männlichen Hoden, der bisweilen als
»männlicher G-Punkt« bezeichnet wird. Der Damm ist jener
markstückgroße Bereich zwischen Hoden und After, der wenig
oder gar nicht behaart ist. Dieser Bereich kann abhängig von
der Position und den Vorlieben entweder extern oder intern
massiert werden. Die meisten Männer haben schon die externe, aber nicht die interne Stimulation der Prostata erlebt.
Ein etwa fünfzig Jahre alter Broker aus Dallas meinte: »Mich
hat noch nie jemand am Hintern berührt, und als meine Freundin meine Beine über meinen Kopf drückte und mich mit dem
Daumen am After massierte, habe ich noch nie da gewesene
Gefühle erlebt. Sie fragte mich, ob ich mehr wollte, und ich
sagte: ‹Ja, ja, mach weiter!› Als sie ihren Finger einführte, während sie mich gleichzeitig oral befriedigte, bin ich förmlich ex-
plodiert. Es war wahnsinnig intensiv.«

Eine Massage der Prostataregion ahmt drei Teile der männlichen Orgasmusreaktion nach und verstärkt sie:

1. das Zusammenziehen und pulsieren des Harnleiters
2. die Kontraktionen der Prostata
3. die Kontraktionen der Beckenbodenmuskulatur

Wenn Sie daher den männlichen »G-Punkt« vor oder während des Orgasmus extern oder intern massieren, werden Empfindungen wie beim Höhepunkt geweckt.

Externe G-Punkt-Massage

Um die Prostata von außen zu massieren, liegt er am besten auf dem Rücken, während Sie sich zwischen seinen Beinen befinden. Er kann auf dem Bett oder auf dem Boden liegen oder vor Ihnen in einem Sessel sitzen. Während eine Hand auf dem Damm ruht, stimulieren Sie mit der anderen einen weiteren Teil seines Körpers. (Probieren Sie es beispielsweise mit einer abgewandelten, einhändigen »Ode an Bryan«, während Sie den Damm mit der anderen Hand massieren). Je mehr Empfindungen Sie dabei aufbauen können, umso besser. Besonders wichtig ist, dass Sie unabhängig von seiner Position (gebeugte Knie sind am besten) den Hodensack leicht und vorsichtig bewegen können, um den wichtigen Punkt darunter – den Damm – zu erreichen.

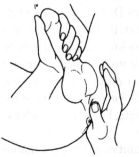

Achten Sie wieder darauf, dass Ihre Fingernägel kurz sind. In diesem Bereich sollten Sie keine Streichelbewegungen machen, wenn er dabei ihre Nägel spüren würde. Um zu sehen, wie sich die Empfindung durch den Einsatz der Nägel verändert, streicheln Sie mit dem Daumennagel der rechten Hand über Ihre linke Handfläche. An-

G-Punkt Massage von außen

schließend streicheln Sie mit der Daumenfläche und dann mit dem ersten Glied des Daumens. Spüren Sie den Unterschied? Denken Sie daran, wenn Sie seinen Damm liebkosen. Natürlich sollten Sie auch hier etwas Gleitmittel auftragen.

Üben Sie nicht einfach nur konstanten Druck auf den Damm aus; nach einer Weile wird der Körper durch konstanten Druck ohne Bewegung betäubt, und das wollen Sie schließlich nicht. Hier ein Beispiel für diese betäubende Wirkung: Wenn Sie einen Gürtel anlegen, fühlen Sie ihn zuerst noch, doch mit der Zeit spüren Sie ihn gar nicht mehr.

Verschiedene Bewegungen bei der G-Punkt-Massage von außen

- Streicheln Sie den Damm mit kreisförmigen oder geraden, ein Zentimeter langen Bewegungen, wobei Sie den weichen Bereich der Daumenfläche einsetzen.
- Krümmen Sie Zeige- und Mittelfinger am zweiten Gelenk. Sehen Sie, dass die Finger wie kleine Knie aussehen? Halten Sie diese mit Gleitmittel gut angefeuchteten »Knie« zusammen, und beschreiben Sie mit ihnen unterhalb der Hoden einen Kreis. Führen Sie eine Streichelbewegung senkrecht nach oben und unten aus, wobei Sie unten am Damm beginnen und vorsichtig zwischen den Hoden nach oben und dann wieder zurückfahren.
- Manche Frauen in meinen Seminaren setzen einen häschenförmigen Vibrator ein. Er soll vaginal eingeführt werden, wobei ein vibrierender Teil (Nase und Ohren des Hasen) von außen die Klitoris stimulieren. Sie berichten von tollen Wirkungen, wenn ihr Partner auf ihnen liegt, während sich der Vibrator in ihrer Scheide befindet. Dann wird der Vibrator angestellt, damit er gleichzeitig die Klitoris der Frau und den Damm des Mannes stimuliert. Die Intensität der Vibration kann von beiden angepasst werden.

Interne G-Punkt-Massage

Schritt 1. Zur Vorbereitung können Sie, wenn Sie möchten, den Finger mit einem Fingerling versehen. Egal, ob mit oder ohne Fingerling, sollten Sie ein Gleitmittel auf Wasserbasis verwenden. Sie können natürlich auch ein mit Gleitmittel versehenes Sexspielzeug benutzen.

Schritt 2. Führen Sie Ihren Finger oder das Sexspielzeug in den After Ihres Partners ein. Er sollte dabei leicht nach unten drücken, da dies das Einführen des Fingers oder Spielzeugs erleichtert. Bitten Sie ihn, Ihnen zu zeigen, wann und wie Sie fortfahren sollen. Oft ist es am besten, den Finger nur teilweise einzuführen und ihn (oder das Spielzeug) eine oder zwei Minuten lang still zu halten, damit sich der Schließmuskel entspannen kann.

Schritt 3. Wenn Sie den Finger verwenden, führen Sie eine kleine Lockbewegung in Richtung seines Bauchnabels aus, wenn Sie den Finger einschließlich des zweiten Fingerglieds eingeführt haben. Wenn Sie eine runde Kugel spüren, haben Sie die Prostata gefunden und fühlen sie durch die Mastdarmwand.

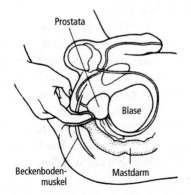

Prostata

Blase

Beckenboden-
muskel   Mastdarm

Schritt 4. Sanfte Bewegungen sind beim Analspiel oft der Schlüssel zum Genuss. Wenn sich Ihr Finger noch im Innern Ihres Partners befindet, bewegen Sie ihn langsam und gekrümmt hinein und hinaus. Achten Sie dabei darauf, dass Sie den Finger jedoch nur bis zum Rand des Fingernagels herausziehen. Die Streichelbewegungen sollen mit dem weichen Teil des Fingers, nicht mit der Nagelkante ausgeführt werden.

Schritt 5. Wenn Sie fertig sind, ziehen Sie den Finger oder das Spielzeug mit einer sehr sanften, langsamen Bewegung wieder heraus – seien Sie besonders nach einem Orgasmus vorsichtig, wenn sich der Beckenbodenmuskel zusammengezogen hat.

Für diejenigen unter Ihnen, die den Partner gerne massieren, hier eine weitere Variation: Eine Dame berichtete in einem meiner Seminare von Ihrer Lieblingsmethode. Wenn er gerade eine Massage genossen hat und nackt und völlig entspannt auf dem Rücken liegt, setzt sie einen dünnen Vibrator zur Massage seines Rückens ein. Dann kniet sie sich auf das Ende des Bettes, hält den Vibrator zwischen ihren Knien fest und lehnt sich nach vorn, um ihn oral zu befriedigen. Die Spitze des Vibrators schmiegt sich dabei an seinen After. Diese Technik bringt ihn fast um den Verstand!

Geheimtipp aus Lous Archiv

Fast jede Bewegung, die Sie mit dem Finger machen, können Sie auch mit der Zunge tun. Mit jeder Form, die Ihre Zunge annehmen kann, können Sie leicht unterschiedliche Empfindungen erzielen. Damit Sie wissen, was ich meine, versuchen Sie, Ihre Handfläche mit verschiedenen Bewegungen und Zungenformen zu lecken.

Analingus

Dabei ist Reinlichkeit das Allerwichtigste. Auch wenn er völlig sauber ist, kann ein natürlicher Geruch vorhanden sein, der jedoch fast auf der Stelle vergeht, wenn der After mit Speichel in Kontakt kommt. Falls Ihr Partner allerdings unter Hepatitis leidet, sollten Sie Analingus nicht praktizieren: Hepatitis ist ein unangenehmer Virus, der sehr ansteckend ist und auch auf diese Weise übertragen werden kann.

Rosenblätter (Umkreisen der Welt)

Bei dieser Technik werden Sie Ihre Zunge wie das Werkzeug eines Bildhauers einsetzen. Um eine Vorstellung davon zu bekommen, wie sich das anfühlen wird, fahren Sie mit dem Finger über die Innenseite Ihrer Lippen. Spüren Sie, wie glatt sie ist? Der Bereich am inneren Afterrand fühlt sich fast genauso an. Ihre Zunge sollte den After so umkreisen, dass sie die Form von Rosenblüten beschreibt.

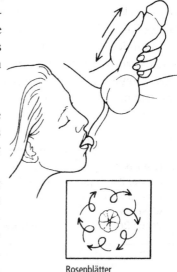

- Sie können mit der Zunge auch die Speichen eines Rades zeichnen, wobei der After die Nabe bildet.
- Stoßen Sie die Zunge leicht in seinen After hinein; Sie werden dabei nicht weit eindringen können, denn die Kraft des Zungenmuskels ist nichts gegen die Kraft des

Rosenblätter

Schließmuskels. Ihr Partner wird eine warme, feuchte Empfindung verspüren.

- Beziehen Sie auch hier ergänzende Bewegungen mit ein. Eine
Lieblingstechnik der Seminarteilnehmerinnen ist die Durch-
führung der »Rosenblätter« an seinem After, während sie
ihn gleichzeitig manuell befriedigen. Wenn er sich auf allen
vieren befindet, fassen Sie mit Ihrer freien, mit Gleitmittel
versehenen Hand nach vorne vor seine Oberschenkel und
führen eine »langsame Handarbeit« mit drehender Bewegung aus, während sie gleichzeitig seinen Anus oral stimulieren. Wenn er auf dem Rücken liegt, fassen Sie über Ihren
Kopf und liebkosen mit einer Hand seinen Penis.

- Wenn Sie möchten, können Sie die Empfindung für ihn erhöhen, indem Sie seine Pobacken auseinander drücken. So
können Sie einen größeren Bereich des äußerst empfindsa-
men Afters erreichen.

Die besten Positionen für Analingus
und die Massage des männlichen G-Punkts

- Er liegt auf dem Rücken, und sein Kopf zeigt von Ihnen weg.
- Auf allen vieren, sein Kopf ist von Ihnen abgewandt (Sie befinden sich hinter seinen Pobacken); wenn er die Schultern
hängen lässt, steht Ihnen sogar ein noch größerer Spielplatz
zur Verfügung – von seinen Oberschenkeln zu seinem Rücken,
Pobacken, Hoden und After.
- Er liegt auf dem Rücken und hat die Knie an die Brust gezogen, sodass seine Wirbelsäule gekrümmt ist und der Analbereich Ihnen ganz für Ihre erotischen Spielereien zur Verfügung steht.

Anale Spielereien sind nichts für jedermann, aber sie können
das Sexualleben mit Ihrem Partner um eine wunderbare Di-

mension erweitern. Genau wie jedes Abenteuer, das zwischen zwei Menschen stattfindet, kann das Überwinden von Grenzen zu neuen Höhen des Bewusstseins und – in diesem Fall – des Vergnügens führen.

9. Kapitel

Endlich zusammen kommen

Die Magie des Geschlechtsverkehrs

»Sie haben mir Informationen vermittelt,
die es mir ermöglicht haben, eine neue Verbindung
mit meinem Mann einzugehen und mich
daran zu erinnern, warum wir überhaupt
geheiratet haben.«
Seminarteilnehmerin, Schauspielerin, 43 Jahre alt

Sie haben die nächste Stufe erreicht. Jetzt ist es an der Zeit zu lernen, wie alles, was Sie über das Vorspiel erfahren haben, eingesetzt werden und der »letzte Akt« stattfinden kann. Geschlechtsverkehr ist etwas ganz Natürliches für den Menschen – schließlich dient er der Erhaltung der Art. Doch das ist nicht dasselbe wie das Wissen, wie man es wirklich *gut* machen kann. Dieses Kapitel erforscht die Elemente des Geschlechtsverkehrs und zeigt Ihnen, wie dieses Ereignis zu einer magischen Erfahrung werden kann, die Sie beide erfüllt und Ihnen ungeheures Vergnügen bereitet.

Dieses Kapitel kommt erst an dieser Stelle, um Sie dazu zu ermutigen, alle Elemente der vorhergehenden Kapitel zur Verbesserung des Liebesspiels mit Ihrem Partner zu nutzen. Schneller und ungestümer Sex kann in der Tat sehr erregend sein. Doch ich habe Hunderten von Frauen und Männern zugehört und dabei festgestellt, dass die Erweiterung des Vorspiels durch eine sinnliche Umgebung, Küssen und den Einsatz von Gleitmitteln oder manuelle Stimulation, ja, sogar analer Sex die Dinge sind, die den Geschlechtsverkehr in die Sphäre des Göttlichen erheben. Ein fünfundfünfzigjähriger Mann vertraute mir neulich Folgendes an: »Als ich noch ein Teenager war, musste ich eine Frau am anderen Ende des Raumes nur ansehen, und ich konnte ›die Sterne grüßen‹. Jetzt muss sie sich schon zu mir herbemühen und sich auf meinen Schoß setzen.« Ein Romanschriftsteller um die Vierzig aus Los Angeles meinte dies zum Geschlechtsverkehr: »Es ist harte Arbeit: die Stoßbewegungen, die Aufrechterhaltung der Erektion, das Abstoßen mit den Zehen. Und dann muss ich ihr auch noch in die Augen sehen und ›Ich liebe dich!‹ sagen.«

Ich kann diesen Rat gar nicht oft genug wiederholen: Der Faktor, der am meisten darüber entscheidet, ob Sie den Geschlechtsverkehr genießen oder nicht, ist Ihre Fähigkeit zur aktiven Teilnahme, statt nur passiv dazuliegen. Geschlechtsverkehr ist ein *Austausch* von Energie, Geist, Leidenschaft und Liebe. Er soll nicht nur einfach toleriert werden. Schließlich *ist* dies der Akt, mit dem neues Leben geschaffen wird. Damit will ich nicht sagen, dass Ihr Grund für das Liebesspiel die Zeugung eines Kindes sein wird oder sein sollte. Doch ich will damit ausdrücken, dass es sich dabei um einen Akt handelt, der Respekt für sich selbst und den Partner erfordert. Wie ein Stück Holz dazuliegen, während er in Sie eindringt, ist keine Demonstration von Respekt, Geist, Leidenschaft oder Liebe.

Das Geheimnis für wunderbaren Geschlechtsverkehr ist dasselbe wie das Geheimnis für den Genuss *aller anderen Dinge*. Sie müssen sich beteiligen. Sex hat viel mit Leidenschaft und Lust zu tun und ist der Ausdruck von Gefühlen. Sie dürfen dabei ruhig Lärm machen. Sie können beim Sex schreien, stöhnen, reden oder lachen. Genau wie die Tiefenatmung bei einer

Massage das Vergnügen steigert, wird das körperliche Vergnügen beim Geschlechtsverkehr durch die entsprechenden Geräusche erhöht, wie viele Frauen sagen.

Zugegeben – wenn Sie beim Sex immer still waren, fühlen Sie sich möglicherweise nicht besonders wohl dabei, Ihr Vergnügen durch Stöhnen und Schreien auszudrücken. Das müssen Sie auch gar nicht – es ist lediglich eine Möglichkeit, die Ihnen offen steht. Versuchen Sie es zu Anfang mit einem leisen Stöhnen, das langsam lauter wird. Es geht nicht darum, unbedingt laut zu sein, sondern vielmehr um Ausdruckskraft und Begeisterung. Aber wenn Sie die »Stimme der Freiheit« im Bett genießen, ist es immer klug, an die Umgebung zu denken. Ein Tipp: Wenn Sie in einem Hotel sind oder neben dem Kinderzimmer schlafen, ist ein Kissen ein großartiger Schalldämpfer.

Viele Frauen haben mir gesagt, dass ihre Fähigkeiten beim Geschlechtsverkehr ihrer Meinung nach ausreichen, aber nicht besonders toll sind. Wenn dies auf Sie zutrifft, lesen Sie weiter. Ich werde verschiedene Möglichkeiten aufzeigen, wie Sie sich aufregender und erotischer ausdrücken können, als Sie es je für möglich gehalten haben. Ich möchte eine Sache wiederholen (ich weiß, dass ich es bereits erwähnt habe, aber es sollte wiederholt werden): Das Tollste für alle Männer, mit denen ich je über Sex gesprochen habe, ist das Gefühl, dass sie ihre Partnerin im Bett erregen. Männer finden es wahnsinnig toll, wenn sie uns anmachen. Wenn Sie also zu einer besseren Liebhaberin werden wollen, sollten Sie vor allen Dingen Spaß daran haben.

Der weibliche Orgasmus

Ein Orgasmus ist ein Orgasmus ist ein Orgasmus. Obwohl der sexuelle Höhepunkt auf unzählige Weise herbeigeführt werden kann, gibt es nur ein paar Bezeichnungen zu seiner Beschreibung. Viele Frauen fühlen sich schuldig und enttäuscht, weil sie

den Orgasmus nicht durch Geschlechtsverkehr erreichen können. Keine Sorge: weniger als dreißig Prozent der Frauen kommen *während* des Geschlechtsverkehrs zum Höhepunkt! Und
meiner Meinung nach sind dreißig Prozent wahrscheinlich noch
übertrieben. *Sie sind also ganz normal.* Die meisten Frauen können nur durch die Stimulation der Klitoris zum Höhepunkt
kommen. Durch Kinofilme, Bücher usw. will man uns auch
weismachen, dass es ständig zum gleichzeitigen Orgasmus bei
Mann und Frau kommt, wenn zwei Menschen sich lieben. Das
ist nicht der Fall, im Gegenteil ist es *sehr* ungewöhnlich.

Oftmals fühlen Frauen sich unzulänglich, weil sie nicht den
Orgasmus bekommen, den sie ihrer Meinung nach haben *sollten.* Sie können sich nicht entspannen und all die wunderbaren
Empfindungen genießen, die der Geschlechtsverkehr *tatsächlich*
mit sich bringt. Was für eine Verschwendung – Geschlechtsverkehr kann himmlisch sein, egal, ob es zum Höhepunkt kommt
oder nicht. Doch es gibt Möglichkeiten, die Chancen des Orgasmus zu erhöhen. Für Frauen geht es dabei darum, ihren Körper
besser kennen zu lernen und zu erfahren, wie sie sich auf bestimmte Bereiche konzentrieren können.

Manche Frauen achten darauf, dass sie beim Vorspiel zum
Höhepunkt kommen, andere warten bis zum Geschlechtsverkehr. In beiden Fällen müssen Sie offen und ehrlich mit Ihrem
Partner kommunizieren. Sie müssen ihm erklären, dass Sie den
eigentlichen Geschlechtsverkehr wirklich zu schätzen wissen,
aber nicht dadurch allein zum Orgasmus kommen.

Glauben Sie mir – er möchte, dass Sie einen Höhepunkt erleben. Zweifellos ist das noch wichtiger für einen Mann, der in
Sie verliebt ist, aber selbst der selbstsüchtigste Mann möchte
sich sicher sein, dass er seine Partnerin zum Orgasmus bringen
kann, denn das ist für das männliche Ego sehr wichtig. Das
SCHLIMMSTE, was Sie sich *beiden* antun können, ist, ihm
etwas vorzumachen.

Geheimtipp aus Lous Archiv

Die Männer sagen, dass die drei wichtigsten Faktoren, die das Eindringen in die Frau beim Geschlechtsverkehr zu einer Wahnsinnserfahrung machen, Wärme, Feuchtigkeit und Druck sind.

Sie müssen auch keine Schuldgefühle haben, wenn Sie immer als Erste kommen. Männer wissen besser als wir, dass sie erschöpft sind, wenn sie erst einmal den Höhepunkt erreicht haben. Die meisten wollen sich dann nur noch an ihre Partnerin kuscheln und einschlafen. Bei uns Frauen ist das ganz anders. Wir haben anschließend noch jede Menge Energie und würden vielleicht gerne noch mehr geben. Es ist also zum Vorteil des Mannes, wenn er seine Partnerin zuerst befriedigt, und jeder Mann, der auch nur ein Minimum an sexueller Erfahrung hat, weiß das.

Ein Orgasmus kann durch Stimulation der Klitoris hervorgerufen werden, durch Stimulation der Scheide (wobei ebenfalls die Klitoris während der Penetration stimuliert wird), des G-Punkts, der Brüste, des Afters, der Brustwarzen und, bei einigen wenigen Glücklichen, des Geistes – durch Fantasievorstellungen.

Es ist allzu menschlich, dass wir Dinge in Kategorien einteilen und daher wissen wollen, ob wir dasselbe erlebt haben, wie andere auch, und ob wir »normal« sind. Aus diesem Grund haben wir Kategorien, die beschreiben, wie Menschen einen Orgasmus erleben (klitorial oder vaginal), doch ist das nicht unbedingt die Stelle, an der die Stimulation, die zum Orgasmus geführt hat, durchgeführt wurde. Eine verzwickte Frage: Wenn die Stimulation der Brüste zum Orgasmus führt, der aber im Becken wahrgenommen wird, was für ein Orgasmus ist das dann? Einige Frauen behaupten sogar, dass Sie den Orgasmus am Muttermund spüren.

Ich kann Ihnen eine Lösung anbieten: Wenn Sie durch Stimulation eines bestimmten Bereichs zum Höhepunkt kommen, ist dies eben der Orgasmus dieses Bereichs. Falls es Ihnen überhaupt wichtig ist, dies zu wissen. Bei einem Orgasmus, der durch zwei Bereiche ausgelöst wird, haben Sie die Auswahl. Zum Beispiel: die Frau liegt oben, der Mann ist in sie eingedrungen. Der Orgasmus könnte durch die Stimulation des G-Punkts oder durch die Klitoris, die sich am Partner reibt, ausgelöst werden.

Obwohl es im Grunde drei Möglichkeiten gibt, wie Frauen zum Orgasmus gebracht werden können, lässt sich ein Orgasmus auch auf andere Weise erzielen und spüren. Eine Seminarteilnehmerin behauptete beispielsweise, dass sie zum Höhepunkt kommt, wenn ihr Freund an ihren Brustwarzen saugt. Eine andere Frau, eine Schriftstellerin aus New York, erklärte, dass bei ihr Fantasievorstellungen zum Orgasmus führen können. Jede Frau macht eben etwas anderes an!

Die drei Stimulationsbereiche, die am häufigsten einen Orgasmus bei Frauen auslösen, sind folgende:

- die Klitoris
- der G-Punkt
- die Scheide (durch die koitale Ausrichtungstechnik)

Geheimtipp aus Lous Archiv

Die meisten Frauen kommen nur durch die orale oder manuelle Stimulation der Klitoris zum Orgasmus.

Klitoriale Stimulation

Ohne Geschlechtsverkehr

In diesem Fall wird ein Orgasmus normalerweise durch direkten Kontakt bei oralem Sex oder durch manuelle Stimulation der Klitoris mit seinen Fingern oder einem Vibrator ausgelöst.

Mit Geschlechtsverkehr

Beim Geschlechtsverkehr kommt die Frau am leichtesten zum Orgasmus, wenn sie bereits stimuliert wurde und erregt ist und eine Position einnimmt, bei der sie sich oben auf dem Mann befindet. In dieser Position kann sie die Intensität und Vielfalt der Bewegungen kontrollieren. Die leitende Angestellte einer Bank meinte dazu Folgendes: »Ich kann beim Geschlechtsverkehr nur zum Höhepunkt kommen, wenn ich oral stimuliert werde und dann eine Position oben einnehme. Doch wenn in den ersten fünf Minuten nichts passiert, ist die ›Rose verdörrt‹ – dann passiert einfach nichts mehr.«

Eine Studentin aus Nashville berichtete, dass ihr Mann oft einen Vibrator bei ihr benutzt, wenn sie sich oben befindet. »Mein Mann hält ihn fest, und während sein Penis in meinem Innern ist, schaukle ich über der Spitze des Vibrators hin und her. Dabei sieht er, wie ich total erregt werde, und spürt, wie ich immer wieder komme, während er sich in mir befindet. Er sagt, das ist wie eine private Sexshow für ihn.«

Der G-Punkt

Der weibliche Orgasmus beim Geschlechtsverkehr ohne klitoriale Stimulation steht in Zusammenhang mit dem im Allgemeinen so bezeichneten »G-Punkt«. Der G-Punkt (so benannt nach dem deutschen Arzt Ernst Grafenberg, der dieses Gewebe als Erstes entdeckte) ist ein Bereich, der etwa die Größe einer

Bohne hat und sich im Bereich des Scheideneingangs (bei Einführen des Mittelfingers ungefähr auf zwei Drittel Höhe des
Fingers) oberhalb des Beckenknochens an der Vorderwand der
Scheide befindet. Wenn Sie sich den Scheideneingang mit einem
Zifferblatt versehen vorstellen, befindet sich der G-Punkt normalerweise bei 12 Uhr mittags. Durch Stimulation schwillt er
an und erreicht die Größe eines Zweipfennigstücks. Bei manchen Frauen kann die Stimulation dieses Bereichs zu einem
starken Orgasmus führen. Andere empfinden dies hingegen als
unangenehm. Bei manchen Frauen konnte der viel gesuchte G-
Punkt überhaupt nicht nachgewiesen werden. Wissenschaftliche
Untersuchungen über die Existenz des G-Punkts sind im Großen
und Ganzen nicht eindeutig, da einige Frauen einen G-Punkt
zu haben scheinen und andere nicht. Ein Sextherapeut sagte
mir: »Frauen sollten sich mit der Suche nach dem G-Punkt nicht
verrückt machen lassen. Manche haben ihn, andere haben ihn
nicht.«

Geheimtipp aus Lous Archiv

Bei Frauen, die ein Kind geboren haben, ist die Scheide elastischer,
sodass der Penis die Vorderwand, wo sich der G-Punkt befindet, leichter berühren und stimulieren kann.

Die beste Position für die G-Punkt-Stimulation ist das Eindrin-
gen des Mannes von hinten, während sich die Frau auf allen
Vieren befindet, oder eine Position, bei der die Frau auf dem
Partner sitzt und ihm den Rücken zugewandt hat.

Vaginaler Orgasmus
(über die koitale Ausrichtungstechnik)

Die »Ausrichtung« bezieht sich auf ihre Klitoris und seinen Schambeinbereich. Der Schambereich ist durch Fettgewebe abgepolstert, sodass er nicht nur aus hartem Knochen besteht. Die Scheide ist ein geheimnisvoller Ort, der viele empfindsame Bereiche für die Stimulation birgt. Einige Frauen bezeichnen einen Orgasmus als »vaginal«, weil sie an dieser Stelle die meisten Empfindungen *spüren*. Manchmal stellen Frauen auch fest, dass der Orgasmus tatsächlich auf klitoriale Stimulation zurückzuführen ist, selbst wenn sich der Partner in ihrem Inneren befindet. Wenn der Mann tief genug in sie eingedrungen ist und ständigen Kontakt zwischen ihrer Klitoris und seinem Schambein am unteren Ende des Penis aufrechterhält, kann sie über die koitale Ausrichtungstechnik zum Orgasmus kommen. Dies passiert am häufigsten, wenn sich die Frau oder der Mann oben befindet: in beiden Fällen wird er, so tief er kann, eindringen. Dann beginnt sie oder er mit einer langsamen Schaukelbewegung mit dem Becken in einem Bereich von etwa fünf Zentimetern, ohne dabei den Kontakt zu ihrem Klitorialbereich zu verlieren. Der ständige Kontakt und die Bewegung bringen sie schließlich zum Höhepunkt.

Weibliche Ejakulation

Manche Frauen ejakulieren regelmäßig, andere selten und einige gar nicht. Zur weiblichen Ejakulation kann es beim Geschlechtsverkehr, beim manuellen Spiel oder beim oralen Sex (Cunnilingus) kommen. Frauen, die ejakulieren, wissen dies normalerweise und müssen ihrem Partner oder sich selbst klar machen, dass sie nicht uriniert haben. Die Flüssigkeitsquelle sind offenbar die Bartholin'schen Drüsen, die wie Speicheldrü-

sen reagieren. Sie befinden sich zu beiden Seiten der Harnröhre. Aus diesem Grund wird das Ejakulat oft für Urin gehalten.

Männer, die weibliches Ejakulat schon mal geschmeckt und
gerochen haben, sagen, dass es einen ganz eigenen Geschmack
und Geruch hat.

Die Geheimnisse der Sicherheit

Bevor ich näher auf die verschiedenen Positionen beim Geschlechtsverkehr eingehe, möchte ich auf zwei Dinge hinweisen – Sicherheit und Gleitmittel. Wir haben uns mit beidem bereits im Detail befasst, aber denken Sie bitte immer daran, dass
Verantwortungsbewusstsein auch sexy ist. Auf Safer Sex zu
bestehen, bis Sie ganz *sicher* wissen, dass Sie beide gesund sind,
ist ein Zeichen von Stil und von Respekt für sich und Ihren
Partner.

Der Einsatz von einem zusätzlichen Gleitmittel neben der
Feuchtigkeit, die vom Körper selbst produziert wird, kann die
sexuelle Erfahrung nur verbessern. Egal, ob Ihr Körper genug
Feuchtigkeit produziert oder nicht – keine Frau ist gleich blei-
bend feucht. Das Auftragen eines Gleitmittels bei Ihrem Partner oder sich selbst vor oder während einer sexuellen Begegnung sorgt für ein anhaltendes Wohlgefühl. Sie *wissen,* wie
schmerzhaft es sein kann, wenn ein Mann in Sie eindringt und
nicht genug Feuchtigkeit zum leichten Hineingleiten vorhanden ist. Dies kann auch an seinem Penis starke Reizungen und
Schmerzen verursachen, ein Zustand, den er im Augenblick
vielleicht nicht einmal wahrnimmt, aber später ganz bestimmt
spüren wird. Beim Sex sollte sich die Scheide wie ein warmer,
nasser Glacéhandschuh an den Penis anpassen.

Noch ein paar Informationen zum Thema Rasur. Manche
Frauen rasieren sich das Schamhaar, weil es ihre Empfindsam-

keit steigert. Bitte denken Sie daran, dass dies für Ihren Partner unangenehm sein kann. Ein Mann berichtete: »Ich war einmal mit einer Frau zusammen, die ihr Schamhaar ganz rasiert hatte. Bei unserer Begegnung war es erst ein paar Tage her, dass sie die Rasur durchgeführt hatte. Trotzdem war mein Penis hinterher so wund gerieben, dass er wie ein Hummer aussah. Aber ich habe es erst am nächsten Morgen gemerkt, und da war es zu spät, sie darauf hinzuweisen.« Die Haarentfernung mit Wachs ist wirkungsvoller, hält länger vor und verhindert harte Stoppeln.

Stellungen

Trotz all der Bilder oder Zeichnungen, die Sie wahrscheinlich in unzähligen Büchern gesehen haben, gibt es in Wirklichkeit nur sechs Stellungen. Alles andere sind nur Variationen. Zugegeben – einige dieser Variationen fühlen sich unglaublich toll an, und Experimente lohnen sich sicherlich. Ein Klavier hat nur achtundachtzig Tasten, aber das heißt nicht, dass mit diesen Tasten nicht immer wieder neue und schöne Melodien kreiert werden können.

Paare nutzen normalerweise zwei bis drei Positionen bei einem Liebesakt und gehen dabei von einer Position zur anderen über. Sie sollten nicht denken, dass mit Ihnen oder Ihrem Partner irgendetwas nicht stimmt, weil sie bisher beim Geschlechtsverkehr nicht fünfzig oder sechzig verschiedene Stellungen ausprobiert haben. Ich rate Ihnen *nicht* dazu, im Schlafzimmer wahre Turnweltmeisterschaften zu veranstalten. Das müssen Sie auch überhaupt nicht. Obwohl ich bei allen Formen der sexuellen Intimität zur Vielfalt anregen möchte, geht es vor allen Dingen darum, selbst auferlegte Einschränkungen zu überwinden und das größte Vergnügen zu erleben.

Stellung I: Die Frau oben

Bei dieser Position befinden Sie sich während des Geschlechtsverkehrs oben rittlings auf ihm, wobei Sie den größten Teil Ihres Gewichts gleichmäßig zwischen Ihren Knien verteilt haben. Dabei können Sie ihm Ihr Gesicht oder den Rücken zuwenden. Eine Variation dieser Position besteht darin, dass Sie über ihm hocken, wobei Sie die Füße flach zu beiden Seiten aufsetzen. Viele Frauen bevorzugen diese Position, weil es zu einer stärkeren Penetration kommt und sie selbst die Geschwindigkeit der Stoßbewegungen kontrollieren können. Es ist zudem eine gute Position, wenn Sie viel größer als Ihr Partner sind. Dabei müssen Sie jedoch viel mehr »Arbeit« leisten und brauchen, wie manche meinen, Oberschenkelmuskeln wie ein Skifahrer.

Männer genießen diese Position meistens sehr, weil sie dabei den Körper der Partnerin ansehen können. Sie beobachten einfach gerne, wie sich die Brüste einer Frau bei jedem Stoß auf und ab bewegen, und mögen es, wenn ihr Haar auf ihre Brust oder ihr Gesicht fällt. Denken Sie daran, dass Männer »Augenmenschen« sind und gerne zuschauen. Ein Zeitschriftenredakteur aus San Francisco meinte: »Ich wusste, dass das meine Lieblingsposition sein würde, seitdem ich mit vierzehn Jahren einen Pornofilm gesehen habe, in dem sich eine Frau mit einem weiten Rock auf einem Mann in Position brachte. Wenn meine Frau diese Stellung einnimmt, muss ich mich richtig anstrengen, dass ich nicht gleich komme.« Männer beobachten auch gerne den Gesichtsausdruck ihrer Partnerin, weil sie sicher sein wollen, dass sie ihren Spaß hat. Eine Hausfrau aus Omaha berichtete: »Meine Brüste sind ungeheuer empfindsam, und wenn ich mich oben befinde, während mein Mann an meinen Brüsten leckt, saugt und mit ihnen spielt, führt dies immer zum Erfolg.«

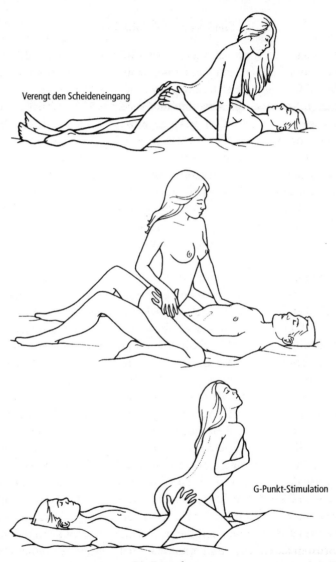

Verengt den Scheideneingang

G-Punkt-Stimulation

Die Frau oben

Andererseits sagen Frauen, die diese Position *nicht* mögen, dass sie sich gehemmt fühlen, wenn ihr Körper auf diese Weise sichtbar ist. Wenn Sie kein großes Selbstbewusstsein haben, was Ihre Körperform und Muskelspannung angeht, ist es verständlich, dass Sie sich nicht wohl dabei fühlen, Ihren Körper auf diese Weise zur Schau zu stellen. Doch Männer sehen ihre Partnerin in diesem Augenblick nicht mit kritischen Augen. Ganz im Gegenteil.

Manche Männer mögen außerhalb des Schlafzimmers kritisch sein, was den Körper ihrer Partnerin betrifft, aber beim Sex empfinden sie ihn als schön. Ein Computerfachmann aus Seattle sagte: »Wenn ich erst einmal mit einer Frau zusammen bin, möchte ich mit ihrem ganzen Körper intim sein.«

Tipps
* Um beim Geschlechtsverkehr die Chancen eines Orgasmus oder eines gemeinsamen Höhepunkts zu steigern, sollten Sie Ihre Klitoris bis zu dem Punkt stimulieren lassen, an dem Sie fast »kommen«, und dann die Position oben einnehmen. So können durch ihre Bewegungen Sie zum Höhepunkt kommen, während er sich in Ihrer Scheide befindet.
* Eine weitere Möglichkeit, das Feuer der Leidenschaft zwischen Ihnen und Ihrem Partner anzufachen, besteht darin, sich auf ihn herabzusenken, wobei Sie oben an seinem Kopf beginnen und Ihren ganzen Körper langsam seinen Körper entlang nach unten bewegen. Lassen Sie ihn Ihren ganzen Körper sehen, fühlen und schmecken, während Sie sich bis hinunter zu seinen Füßen vorarbeiten und dann wieder hinauf zu seinem Penis. *Erst dann* senken Sie sich auf seinen Penis herab. Er kann dabei auch Ihren Po streicheln und Ihre Hüften mit seinen Händen lenken. Sie können nach hinten greifen und mit seinen Hoden spielen.

- Wenn Sie ihm zugewandt sind, können Sie ihm beim Geschlechtsverkehr in die Augen schauen. Außerdem kann er Ihre Brüste streicheln, während Sie Stoßbewegungen machen.
- Während Sie sich oben befinden und ihm zugewandt sind, versuchen Sie, mit den Händen nach hinten zu greifen und sanft mit seinen Hoden zu spielen. Sie können auch versuchen, seine Brustwarzen leicht zu kneifen oder zu küssen. Viele Männer sagen, dass es sie völlig verrückt macht, wenn ihre Brustwarzen stimuliert werden.
- Wenn Sie ihm den Rücken zugewandt haben, spüren Sie ihn an der Vorderseite der Scheide (die G-Punkt-Zone).

Geheimtipp aus Lous Archiv

Falls Sie Angst haben, sein Becken mit Ihrem Gewicht zu stark zu belasten, wenn Sie sich oben befinden, lehnen Sie sich auf seine Brust (wenn Sie ihm zugewandt sind) oder auf seine Oberschenkel (wenn Sie ihm den Rücken zugewandt haben).

Stellung II: Der Mann oben

Bei dieser Position handelt es sich um die so genannte »Missionarsstellung«, die häufigste Stellung beim Liebesspiel. Die Frau liegt auf dem Rücken, während der Mann über ihr oder leicht seitlich von ihr liegt. *Männer* mögen diese Stellung, weil sie die Penetrationstiefe und die Stoßgeschwindigkeit kontrollieren können, abhängig davon, wie weit sie vom Orgasmus entfernt sind. *Frauen* mögen diese Position, weil sie mehr Körperkontakt als die anderen Stellungen bietet. Während die anderen Stellungen vielleicht als erotischer gelten, ist dies sicherlich die romantischste. In dieser Position kann man sich leicht

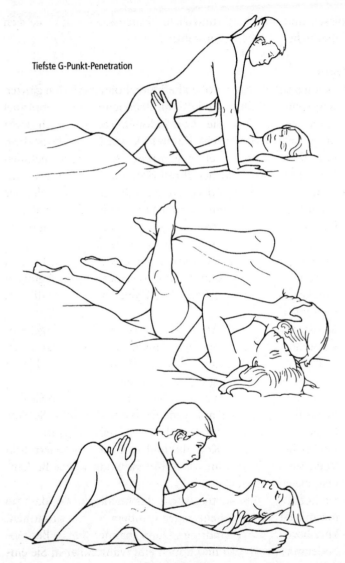

Tiefste G-Punkt-Penetration

Der Mann oben

küssen und umarmen, und viele Frauen sagen, dass sie sich dabei sicher und geborgen fühlen.

Tipps

- Wenn sich Ihr Partner oben befindet, können Sie den ganzen Körper und nicht nur den Genitalbereich in das Liebesspiel einbeziehen. Wenn Sie die Madonna-Technik noch nicht ausprobiert haben (siehe Kapitel 5), werden Sie feststellen, dass diese Position viel Spaß machen kann. Dazu nehmen Sie seinen Penis zwischen Ihre Brüste auf. Indem Sie sie anheben und zusammendrücken, entsteht ein Tunnel, der der Scheide ähnelt. Er kann seinen Penis zwischen Ihre Brüste stoßen und direkt dort zum Orgasmus kommen. Man nennt dies auch »der Frau eine Perlenkette schenken«.
- Indem Sie Ihre Hände zwischen seine Beine legen, können Sie seine Hoden sanft im Rhythmus seiner Stoßbewegungen drücken und loslassen. Manche Männer bezeichnen dies als die reine Ekstase.
- Massieren Sie seinen After, oder führen Sie Ihren Finger ein, während er Stoßbewegungen ausführt. Das bringt einen Mann um den Verstand. (Denken Sie daran, Ihren Finger langsam und vorsichtig herauszuziehen.)
- Wenn Ihr Partner einen sehr großen Penis hat, können Sie Ihre Beine flach aufs Bett auflegen. Dadurch wird Ihre Scheide enger, und es wird verhindert, dass er zu tief eindringt.
- Für mehr genitalen Kontakt und eine tiefere Penetration legen Sie Ihre Beine um seine Hüften, wodurch die Beckenneigung erhöht wird.
- Sie können Ihrem Partner sogar das Gefühl geben, dass sie ihn mit der Scheide »einsaugen«, indem Sie tief ausatmen, kurz bevor er in Sie eindringt. Dann spannen Sie die Beckenbodenmuskulatur an und atmen ein, während er in Sie eindringt.

• Legen Sie Ihre Beine über seine Schultern, um die Penetration und Stimulation der rückwärtigen Scheidenwand zu erhöhen (G-Punkt-Territorium).

Geheimtipp aus Lous Archiv

Eine Seminarteilnehmerin berichtete, dass sie kleine Eiswürfel in ihre
Scheide steckt, bevor er in sie eindringt. Ihr Mann liebt dieses Gefühl!

Stellung III: Nebeneinander

Bei dieser Stellung liegen Mann und Frau auf der Seite, wobei
die Beine wie eine Schere ineinander verschlungen sind. Sie
können einander das Gesicht zugewandt haben, oder Sie können ihm den Rücken zuwenden. Das Schöne an dieser Position
ist, dass Männer in dieser Stellung lange Stoßbewegungen ausüben können, ohne zum Höhepunkt zu kommen. Sie bietet
Paaren die Möglichkeit, die intime Begegnung länger auszudeh-
nen. Und da die Penetration in dieser Position nicht so tief ist,
sagen Frauen, deren Partner einen außergewöhnlich großen
Penis hat, dass der Geschlechtsverkehr dadurch für sie angenehmer ist.

Ähnlich wie bei der Stellung, bei der der Mann oben liegt,
gehören Küsse und Umarmungen hier einfach zum Liebesspiel. Ein einundvierzigjähriger Investment-Banker aus Lon-
don erinnerte sich: »Bei unserem ersten Zusammensein waren
wir Zelten und schliefen in einem Schlafsack. Ich bin fast einen
Meter neunzig groß, während meine Partnerin einen Meter
fünfundsechzig ist, sodass es auf diese Weise einfacher ist. So
kann sie wenigstens nicht unter mir verschwinden, wie sie
sagt.« Das Schönste am Liebesspiel in dieser Position ist, dass
man anschließend bequem in den Armen des Partners ein-

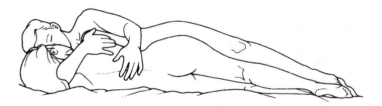

Nebeneinander

schlafen kann. Eine zweiundsechzigjährige Filmpreisträgerin meinte: »Ich mag es, wenn man Mann hinter mir ist, da er mich dann praktisch mit seinem ganzen Körper umfasst. Er hat einen riesigen Penis, was manchmal wehtun kann. Auf diese Weise kann sich die Penisspitze in meinem Inneren befinden, während meine Oberschenkel den Rest des Schaftes stimulieren. Wenn wir fertig sind, schlafen wir aneinander gekuschelt ein, wobei er mit einer Hand meine Brust umfasst.«

Tipps
• Wenn sich Ihr Partner hinter Ihnen befindet, kann er gleichzeitig Ihre Klitoris stimulieren.
• Durch Anspannen der Oberschenkel können Sie die Reibung erhöhen.
• Das Eindringen von hinten in dieser Position ist gut für Schwangere geeignet, da die Frau ihren Bauch abstützen kann, während er mit ihren vollen Brüsten spielen kann.

Stellung IV: Der Mann von hinten

Viele Frauen sagen, dass die Position, in der der Mann von hinten eindringt, für besonders erotischen Sex sorgt. Auch Männer empfinden diese Stellung als äußerst leidenschaftlich. Ihre Gründe reichen von der intensiven Tiefe der Penetration bis zu dem Gefühl, die Frau »zu nehmen«, beziehungsweise (für die Frau) »genommen zu werden«. Ein Zahnarzt aus San Diego meinte dazu: »Es ist so animalisch. Ich beobachte dabei gerne ihren Po und wie ich in sie eindringe.« Ein anderer Mann, ein Rechtsanwalt aus Boston, erzählte mir: »Es riecht stärker nach Sex. Ich kann es nicht nur fühlen, sondern auch riechen.«

Diese Stellung kann praktiziert werden, indem die Frau flach auf ihrem Bauch liegt, sich auf allen Vieren befindet, steht und sich nach vorne beugt oder vor ihrem Partner auf der

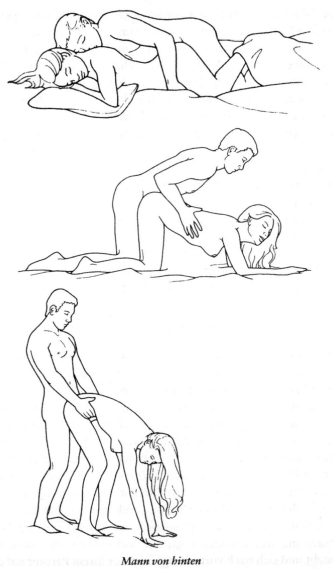

Mann von hinten

Seite liegt. Der Mann dringt von hinten und nicht von vorn in ihre Scheide ein.

Tipps

- Für Frauen, die wissen, dass sie einen G-Punkt haben, soll dies die effektivste Position sein, um den G-Punkt zu erreichen.
- Der einzige Nachteil beim Eindringen von hinten ist die Tatsache, dass es so erotisch ist, dass Männer oft schneller zum Orgasmus kommen als in anderen Positionen.
- Männer mögen es, wenn sie beobachten können, wie sie in die Frau eindringen und dann mit ihrem Körper gegen ihre Pobacken stoßen. Vielleicht können Sie vor dem Bett einen Spiegel aufstellen.
- Diese Position kann schmerzhaft sein, wenn Sie einen Gebärmuttervorfall hatten oder einen Partner mit sehr großem Penis haben.
- Er kann Sie mit seinen Händen stimulieren, während er in sie eindringt.

Stellung V: Im Stehen

Aus Gleichgewichtsgründen ist es bei dieser Stellung am besten, wenn die Frau an einer Wand lehnt, während der Mann vor ihr steht, es sei denn, er ist besonders stark. Während andere Positionen für eine lange, romantische, sexuelle Begegnung geeignet sind, ist diese wunderbar für heißen, spontanen Sex. Sie müssen sich dabei nämlich nicht einmal ganz ausziehen (ein Plus, wenn Sie es beide eilig haben), und man braucht sehr wenig Platz. Erinnern Sie sich an die Besenkammer aus Kapitel 2? Dies ist eine großartige Stellung für die Besenkammer, den Aufzug oder die Dusche. Die meisten Männer stehen auf die »schnelle Nummer«. Das heißt nicht, dass sie das aus-

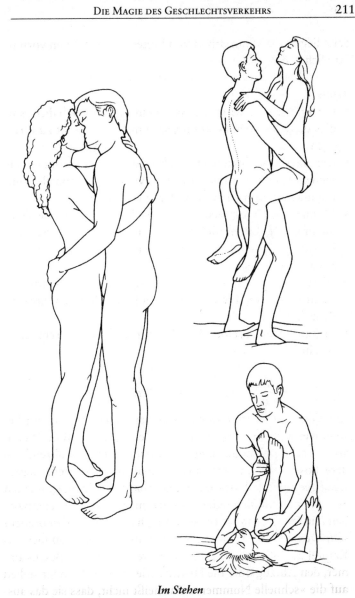

Im Stehen

auf die wechselte Nummer nicht, dass sie die zu

gedehnte, leidenschaftliche Liebesspiel nicht ebenfalls mögen. Doch schneller, wilder Sex an einem Ort, von dem eine gewisse Gefahr, entdeckt zu werden, ausgeht, kann besonders aufregend sein. Was dieser Art von Sex an Romantik fehlt, wird durch die Hitze der Leidenschaft wettgemacht. Die Vorstellung, dass er Sie gleich hier und jetzt einfach *haben* muss, hat einfach etwas Aufregendes an sich. Außerdem ist es hin und wieder schön, selbst die Fantasievorstellung des Mannes zu *sein*. Männer wissen es hinterher oft sehr zu schätzen, dass man ihnen diesen Gefallen getan hat, und viele Frauen berichten, dass die nächste romantische, sexuelle Begegnung viel *länger* gedauert hat und zärtlicher war als je zuvor.

• Achten Sie darauf, dass es für ihn nicht unangenehm ist, wenn Sie die Beine um ihn legen. Führen Sie sich beispielsweise das folgende Szenario vor Augen: »Mein Freund und ich standen im Urlaub auf dem Balkon und bewunderten den Sonnenuntergang auf Hawaii. Wir hatten gerade eine Cocktail-Party besucht, und ich sagte ihm, dass ich keine Unterwäsche anhätte. Er hob mich auf das Geländer, und ich legte meine Schenkel um ihn. Gerade als es so richtig schön wild war, begann er zu schreien. Ich dachte, es sei die Leidenschaft, aber nein – meine Pfennigabsätze drückten in seine Waden!«

• Achten Sie darauf, dass er die Knie zusammen hält und bequem an einer Wand lehnt. Eine vierundzwanzigjährige Buchhändlerin erinnerte sich an folgende Panne: »Mein Freund und ich probierten es im Stehen, und ich fiel nach hinten, weil er mich nicht halten konnte. Dabei wiege ich nur 115 Pfund!«

Stellung VI: Im Sitzen/Knien

Stellungen im Sitzen oder Knien sind einfach Variationen der Position, bei der sich die Partner nebeneinander befinden und ansehen, mit dem Unterschied, dass sie in anderer Höhe durchgeführt werden. Viele Paare mögen Positionen im Sitzen oder Knien, weil sie sich neu anfühlen und Abwechslung bieten. Diese Stellungen bieten zwar nicht viel Bewegungsfreiheit, ermöglichen aber wunderbaren Gesichtskontakt.

Tipps
- Sie kann rittlings auf ihm sitzen und ihm den Rücken zuwenden oder auf seinem Schoß sitzen und zur Seite sehen.
- Er kann zwischen ihren Beinen knien und in sie eindringen, während sie sitzt, wobei ihr sein Gesicht zugewandt ist.
- In beiden Positionen wird ihre Scheide enger. Der Eintrittswinkel ist steiler, was für mehr Enge sorgt.
- Diese Position kann leicht eingenommen werden, wenn sich die Frau oben befindet; die Frau bringt einfach ihre Beine nach vorn, und der Mann kann sich hinsetzen.
- In einem Sessel zu sitzen ist gut für Paare, die einen »Quickie« machen wollen, oder wenn die Frau schwanger ist.

Geheimtipp aus Lous Archiv

Wenn er in Sie eingedrungen ist, versuchen Sie, die Scheidenmuskulatur um den Penis herum zusammenzuziehen und wieder zu entspannen. Das stimuliert nicht nur ihn, sondern kann bei Ihnen auch zum vaginalen Orgasmus führen.

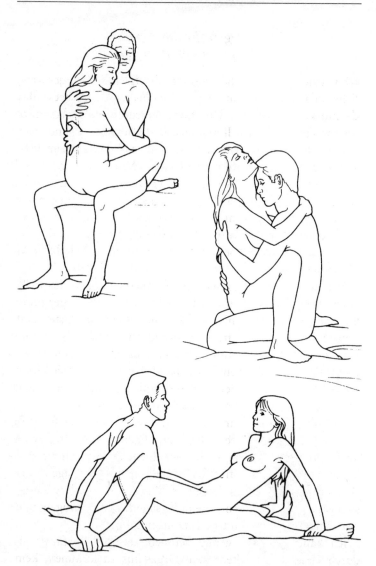

Sitzen/Knien

Übungen für die Scheide:
Damit es sich schön eng anfühlt

Ich wurde unzählige Male gefragt, ob ich Produkte oder Möglichkeiten zur Kräftigung der so überaus wichtigen Beckenbodenmuskulatur kenne. Um Ihre derzeitige Muskelkraft zu überprüfen, führen Sie Ihre Finger in die Scheide ein und spannen den Beckenbodenmuskel an, so als wollten Sie beim Wasserlassen den Urinstrahl unterbrechen. Wenn sich der Muskel um Ihre Finger herum wie ein dünner Streifen anfühlt, müssen Sie daran arbeiten. Wenn sich die Anspannung hingegen wie ein breites Band anfühlt, sind Sie schon »gut in Form«. Sie sollten diesen Muskel auch mit zunehmenden Alter und wenn Sie Kinder geboren haben immer gut in Form halten, da er der »Liebesmuskel« ist.

Manche Männer spüren die unterschiedliche Enge der weiblichen Scheide sehr deutlich. Ein achtundvierzigjähriger Fotograf aus dem kalifornischen Sherman Oaks erklärte seine Empfindung folgendermaßen: »Wenn eine Frau eng ist und man in sie eindringt, spürt man sie entlang der gesamten Penislänge. Doch wenn sie feucht wird und erregt ist, wird sie lockerer. Andere Frauen fühlen sich wie Höhlen an, weil kein Druck vorhanden ist. Sie sind nur am Scheideneingang eng.«

Sie sollten jedoch daran denken, dass es zwar gut für Ihre Gesundheit und sein sexuelles Vergnügen sein dürfte, einen kräftigen Beckenboden zu haben, doch letztendlich ist dies keine Voraussetzung für Ihr gemeinsames Vergnügen. Ein Werbefotograf aus Los Angeles sah es so: »Am allerwichtigsten ist, dass beide Partner einander sagen, was sie mögen, und nur selten sind das Marathonsitzungen im Bett.«

Ich kann nicht oft genug betonen, dass die Unfähigkeit, durch Geschlechtsverkehr zum Orgasmus zu kommen, kein Mangel ist. Frauen, denen dies gelingt, sind eher die Ausnahme als die Regel. Doch das heißt nicht, dass sich der Geschlechtsverkehr nicht dennoch wunderbar anfühlt, und eine kräftige Scheidenmuskulatur kann entscheidend dazu beitragen. Die für den Beckenboden entwickelten Kegel-Übungen sind die beste Methode für vaginale Fitness.

Die einfachste Kegel-Übung besteht darin, die Muskeln, die die Scheide auskleiden, regelmäßig anzuspannen und zu entspannen (siehe unten). Sie können die Kegel-Übungen genau wie Übungen im Fitnessstudio mit steigenden Sätzen und Wiederholungen durchführen. Sie können diskret beim Autofahren, am Schreibtisch oder beim Fernsehen trainieren. Es dauert nicht lange, bis die Scheidenmuskulatur kräftiger wird. Sie merken es daran, dass sich sein Penis in Ihrem Inneren dicker und größer anfühlt. Je eher Ihre Scheide wie ein Handschuh an seinem Penis sitzt, desto sinnlicher ist das Gefühl für Sie beide.

Übung

- Legen Sie sich mit gebeugten Knien und flach aufgesetzten Füßen auf den Rücken.
- Legen Sie eine Hand auf den Boden und die andere leicht auf den Bauch.
- Spannen Sie den Bereich zwischen Genitalien und After an, und heben Sie ihn innerlich, wobei Sie die Muskeln nach innen in Richtung Körperzentrum drücken.
- Die Wirkung dieser Übung wird durch die richtige Atmung noch verbessert: Atmen Sie beim Anziehen der Muskulatur ein und bei kontrollierter Entspannung wieder aus.
- Für zusätzliche Kraft variieren Sie das Tempo der Muskelanspannung. Variationen sind der »Lift«, eine stark anhaltende Anspannung, die den Körper hinaufgeht, und das »Flattern«, eine Reihe von schnellen, intensiven Anspannungen an der Oberfläche.

Setzen Sie Fantasie und Bewusstsein ein: Versuchen Sie, die Beckenbodenmuskulatur beim Autofahren, Essen, einfach überall, anzuspannen und zu entspannen. Entwickeln Sie ein Programm, das mit zwanzig Flatterübungen und zwanzig starken Anspannungen beginnt und das Sie weiter ausbauen. Denken Sie daran, dass es sich um einen Muskel handelt, der müde wird, wenn er nicht in Form gehalten wird. Ich bin überzeugt davon, dass Sie bald einen Unterschied feststellen werden, wenn Sie diese Übungen regelmäßig machen. Hier noch ein paar Vorschläge für den Einsatz von Spielzeug zur Kräftigung dieser Muskeln.

Murmelförmige Eier

Diese werden in taoistischen und fernöstlichen Sexualtechniken eingesetzt. Bei der heilenden Tao-Eierübung für Frauen wird ein Murmel-Jade-Ei in die Scheide eingeführt, um beim Training der »Chi«-Muskeln zu helfen (»chi« bedeutet Lebensenergie). Die Chi-Muskeln umfassen den Harnröhren- und Genitalbereich sowie den Beckenboden. In zwanzig Schritten üben Sie, das Ei nach oben und unten, von Seite zu Seite zu bewegen und innerhalb des Scheidenganges umzudrehen. Wenn Sie mit Ihrem Körper sehr vertraut sind, sich für diese Philosophie interessieren und das obere Ende der Scheide bewusst anziehen können, könnte diese Übung etwas für Sie sein.

Kegel-Übungsgerät

Dabei handelt es sich um eine kleine metallene Hantel, die zur Kräftigung des Beckenbodens dient. Sie ist etwa fünfzehn Zentimeter lang, hat einen Ring in der Mitte und wird etwa auf halber Höhe in die Scheide eingesetzt. Wenn Sie den Beckenboden anziehen, bietet das Gerät einen Widerstand und zeigt so, wie stark Sie es bewegen.

Femtone

Hierbei handelt es sich um ein Krafttrainingsprogramm, bei dem eine Reihe von Eiern mit unterschiedlichem Gewicht eingesetzt werden. Sie beginnen durch Einführen des leichtesten Eis und gehen langsam zu den schwereren über. Sie können in Ihrem Körper bleiben, während Sie herumlaufen. Die Herausgeberin einer Frauenzeitschrift, die zwei Kinder hat, sagte zu mir: »Ich dachte: ›Das kann ja nicht so schwer sein. Schließlich bin ich dort unten gut in Form.‹ Doch dann erlebte ich eine riesige Überraschung – das Gewicht fiel gleich wieder raus! Ich musste mit dem Gewicht Nr. 3 beginnen und mich langsam zur Nr. 5 hinauftrainieren.«

Intim-Trainer

Der Intim-Trainer ist ein High-Tech-Gerät für die Beckenbodenmuskulatur und daher auch die teuerste Trainingsmethode. Es basiert auf dem Prinzip der Physiotherapie, wo die Kontraktion von Muskeln durch Elektroimpulse stimuliert wird. Ein europäischer Arzt hat diesen chipprogrammierten Einsatz für die Scheide entwickelt, der etwa die Größe eines Tampons hat und den Beckenboden so stimuliert, dass er die Kontraktionen ohne Ihr Zutun ausführt, während Sie sich ausruhen, sitzen oder schlafen. Das Gerät wurde ursprünglich für Frauen mit Stressinkontinenz beim Niesen oder bei voller Blase entwickelt, speziell nach der Geburt von Kindern, wenn der Beckenboden stark gedehnt ist. Dabei entdeckte man, dass die größere Kraft des Muskels nicht nur zu besserer Kontinenz, sondern auch zu besserem Sex führt. Der Intim-Trainer wird am besten eingesetzt, wenn Sie sich nicht bewegen, damit er nicht herausfällt. Er ist in zwei Stärken erhältlich – sechs und zwölf Volt.

Allgemeine Tipps für den Geschlechtsverkehr

- Wenn Sie allein für sich die bequemsten oder engsten Positionen entdecken wollen, besorgen Sie sich einen lebensechten Dildo und üben in aller Ruhe allein. Probieren Sie die unterschiedlichen Penetrationsbewegungen und Positionen aus, um herauszufinden, was sich für Sie am besten anfühlt.
- Wenn Sie beim Geschlechtsverkehr ein Brennen spüren, prüfen Sie, ob Sie mehr Gleitmittel brauchen oder ob Sie aus Versehen ein Gleitmittel mit Nonoxynol-9 verwendet haben. Wenn dies keine möglichen Erklärungen sind, sollten Sie Ihren Arzt aufsuchen, um sich auf eine mögliche sexuell übertragbare Krankheit oder eine allergische Reaktion auf das Sperma Ihres Partners hin untersuchen zu lassen.
- Wenn Sie einen heftigen Schmerz beim Geschlechtsverkehr spüren, stösst Ihr Partner möglicherweise gegen den Muttermund; versuchen Sie, eine andere Position einzunehmen. Es könnten aber auch von einem Dammschnitt verbliebene Narben gereizt werden, oder das Problem ist wiederum auf eine sexuell übertragbare Krankheit zurückzuführen.
- Manchmal bleibt das Ejakulat lange nach dem Geschlechtsverkehr im Inneren der Frau und kann im unpassendsten Augenblick ausgeschieden werden. Wenn Sie das stört, sollten Sie eine Slipeinlage verwenden.

Egal, wie sehr Sie trainieren und wie viele verschiedene Techniken und Positionen Sie in Ihr sexuelles Repertoire aufnehmen, sollten Sie daran denken, dass der wichtigste Faktor für Ihre sexuelle Erfüllung beim Geschlechtsverkehr das Ablegen von Hemmungen ist und das seelische Verschmelzen von Ihnen und Ihrem Partner.

10. Kapitel

Perlen und andere erotische Spielsachen

Entdecken Sie den Spaß an Spielzeug

»Warum wusste ich nichts von diesen Sachen?
Sie haben unser Liebesspiel um eine ganz neue
Dimension bereichert. Das heißt nicht, dass wir
Sex nicht auch ohne sie genießen können.
Aber warum sollten wir?«
Seminarteilnehmerin, 47

Was ist erotisches Spielzeug?

Bei Sexspielzeug, das normalerweise tragbar und ein tolles Geschenk ist, handelt es sich um Artikel, die wie das Sahnehäubchen des sexuellen Vergnügens sind. Die verheiratete Mitarbeiterin einer Bank, die sich zu ihrem dreißigsten Geburtstag selbst ein privates Sex-Seminar geschenkt hatte, beschrieb die Informationen, die sie dabei zum Thema Sexspielzeug erhielt, so: »Ich habe das Gefühl, die ›Büchse der Pandora‹ geöffnet zu haben. Ich weiß einfach nicht, wo ich anfangen soll.«

In diesem Kapitel geht es darum, woher dieses Spielzeug kommt, wer es einsetzt und wie es verwendet wird. Außerdem werde ich einige Lieblingsartikel aus den Seminaren für eine Spielzeugkiste für Erwachsene vorstellen. Jede Branche hat ihre Fachmessen, und die Branche für Sexspielzeug für Erwachsene macht da keine Ausnahme. Selbst wenn Sie schüchtern sind und noch nie Sexspielzeug ausprobiert haben, gibt es möglicherweise ein Spielzeug, das Ihr Vergnügen erhöhen und Ihrem Sexualleben einen neuen Kick verleihen wird.

Alle nachfolgend beschriebenen Artikel und Produkte wurden von den »Feldforschern der Sex-Seminare« getestet, wobei es sich um ganz normale Frauen und Männer handelt! Diese Feldforscher stammen aus allen möglichen Bevölkerungsschichten: es sind Berühmtheiten, ganz normale Menschen, Unternehmensführer, einfache Mitarbeiter, verheiratete Menschen, Singles, Heterosexuelle, Homosexuelle, Bisexuelle, Golfspieler und Nicht-Golfspieler im Alter von achtzehn bis sechsundsechzig Jahren. Da sie wussten, dass ihre Antworten Menschen dienen würden, die auf der Suche nach einem genauen Leitfaden sind, waren sie ganz offen, was das Funktionieren oder die Mängel dieser Artikel betraf.

Sie sollten wissen, dass für manche Menschen alles, was mit Sexspielzeug zu tun hat, einschüchternd und nervenaufreibend sein kann. Denken Sie daran, dass der Sinn eines Spielzeugs darin besteht, das Liebesspiel zu verbessern, aber nicht, im Mittelpunkt zu stehen. Manche haben möglicherweise das Gefühl, dass die Verwendung von solchem Spielzeug insgesamt zu riskant ist – sie stellen sich vor, wie bestürzte Verwandte nach ihrem plötzlichen Tod in einem Schrank auf solche Artikel stoßen könnten. Egal, wie Sie sich entscheiden – Sie müssen sich mit Ihrer Entscheidung wohl fühlen. Wir werden uns hier nur mit Spielzeug und nicht mit Videos, Büchern oder Aphrodisiaka beschäftigen.

Wer kommt auf diese Ideen?

Spielzeug zur Verbesserung des sexuellen Erlebens gab es schon immer. Im *Kamasutra* werden bereits sexuelle Hilfsmittel beschrieben, und die Japaner erfanden »Glückskästen«, die dildoähnliche Artikel in unterschiedlichen Größen und Formen enthielten. Indische Gemälde aus dem 18. Jahrhundert zeigen Liebende, die sexuelle Hilfsmittel verwenden, und Dildos wurden schon auf griechischer Keramik und ägyptischen Fresken ebenfalls unsterblich gemacht.

Es gibt drei Quellen für Ideen zu Sexspielzeug. Ein Hersteller, der anonym bleiben möchte, erzählte mir lachend, dass die wichtigste Quelle für Designideen der Geschäftssinn von Managern und Besitzern jener Firmen sei, die diese Artikel herstellen. Es besteht ständiger Bedarf, etwas »Neues« durch eine Änderung von Farbe, Form oder mit einem neuen Material zu erfinden. Oft sind es, genau wie in der Modebranche, sogar nur Kopien der Entwürfe anderer Hersteller.

Ideenquelle Nummer zwei ist das Zusatzmarketing durch die Pornobranche. Produkthersteller holen sich Pornostars (hauptsächlich Frauen) und nutzen deren Berühmtheit, indem sie ihre Namen zur Verwendung für ein Produkt lizenzieren, das der Hersteller dann produziert. Glücklicherweise, oder leider, waren es immer die Pornodarstellerinnen und die Hersteller selbst, die die meisten Produkte getestet haben. Hier scheint eine große Lücke zwischen der Käufergemeinde, für die sie ihre Produkte angeblich produzieren, und der Zufriedenheit dieser Käufer mit den Produkten zu bestehen. Pornostars sind daran gewöhnt, Dinge in Körperöffnungen zu stecken und dabei Vibratoren zu benutzen, beobachtet zu werden. Doch die meisten Normalsterblichen wissen bezüglich der Produkte so gut wie nichts über ihre Vorlieben bezüglich Form und Größe. Wie sollen wir also wissen, was wir kaufen oder aus-

wählen sollen? Genau hier haben meine Feldforscher ange-
setzt.

Die dritte Ideenquelle sind Kunden, die wünschen, dass für
sie etwas Spezielles kreiert wird.

Wodurch zeichnet sich ein »Spielzeug« eigentlich aus?

Im Grunde kann fast alles als Spielzeug dienen. Wir werden
uns hier mit den Dingen befassen, die am häufigsten benutzt
werden. Es gibt andere Produkte für spezielle Vorlieben und
Kategorien wie Sadomaso, Bondage oder Fetischismus. Zu
Ihrer Beruhigung: Sie sind noch kein Fetischist, nur weil ein
Objekt oder Material, beispielsweise Leder oder Pfennigab-
sätze, Sie anmacht oder weil Sie es gerne verwenden. Laut De-
finition wird jemand als Fetischist bezeichnet, der ohne das
Objekt nicht erregt werden kann. Es ist das Objekt, nicht die
Person, das ihn erregt.

Doch Spielzeug kann eine Reihe von Alltagsartikeln umfassen, wie ein Tuch, einen Gürtel oder ein Kissen. Alles, was Sie
brauchen, ist ein kleines bisschen Fantasie. Eine Idee: Wenn Sie
Gurken für einen Salat kaufen, wählen Sie eine Gurke aus bio-
logischem Anbau (ungespritzt) aus, die Sie besonders erotisch
finden. Sorgen Sie dafür, dass sie gut gesäubert ist und Zim-
mertemperatur hat. Ich wette, die Salatzubereitung wird nie
mehr so sein wie früher.

Wir kennen ungewöhnliche Stoffkombinationen aus der
Mode – Leder zusammen mit einem Seidenrock, Samt mit
Chiffon –, aber sie können auch für dynamische, sinnliche
Empfindungen beim Sex sorgen. Da unsere Haut das größte
Geschlechtsorgan ist, kann eine Veränderung der Textur sehr
erotisch sein. Stellen Sie sich vor, dass Ihre nackte Haut zuerst
einen weichen Vliesstoff und dann kühles Leder spürt. Sie kön-
nen mit einem Samt- oder Seidenschal über die Vorderseite sei-

nes Körpers fahren und ihn dann an seinem sicher bald erigierten Penis einsetzen. Polstern Sie seine Hoden mit dem Schal ab.
Achten Sie dabei nur darauf, dass Sie Seidenschals nicht zu fest
verknoten. Es wäre doch jammerschade, wenn Sie Ihrem Tuch
von Hermes mit der Schere zusetzen müssen.

Wie werden sie tatsächlich eingesetzt?

Fragen Sie. Wenn Sie am Telefon sind und bei einer Firma von
gutem Ruf bestellen, sollte man Ihnen die Verwendungsmög-
lichkeiten erklären, bevor Sie bestellen.

Und was tun Sie, wenn Sie in einem Sexshop sind? Dort
kann man sich leicht eingeschüchtert fühlen. Oft versuchen die
Käufer, Augenkontakt zu vermeiden und bewegen sich möglichst unauffällig zwischen den verschiedenen Regalen hin und
her. Es ist daher nicht weiter verwunderlich, dass eine solche
Atmosphäre nicht dazu ermuntert, Fragen zu den verschiedenen Artikeln in den Regalen und zu ihrer Verwendung zu stellen. Denken Sie daran, dass in diesen Geschäften Produkte ver-
kauft werden, mit denen die Mitarbeiter dort *sehr* vertraut
sind. Versuchen Sie, verschämte Zuschauer zu ignorieren, und
fragen Sie einen Verkäufer direkt. Die meisten sind höflich und
hilfsbereit.

Sie werden feststellen, dass einige Artikel nicht für den Ge-
brauch, sondern als Gag gedacht sind, oder bloß zum Ver-
schenken. Ein Hersteller, der ebenfalls anonym bleiben möchte,
sagte zu mir: »Ehrlich gesagt kenne ich keinen Hersteller, der
diese Dinge selbst benutzt – mich eingeschlossen.« Außerdem
erzählte er, dass die meisten Hersteller das Geld für Verpackung
und Werbung ausgeben und nicht für die Forschung und die
Entwicklung des Produkts.

Schätze aus der Spielzeugkiste für Erwachsene

Dildo oder Vibrator

Diese sehr vielseitigen Artikel gibt es bereits seit langer Zeit. Technisch gesehen besteht zwischen beiden ein Unterschied. Dildos sind »nicht-vibrierende Artikel, die in den Körper eingeführt werden – sie füllen die Scheide oder den Mastdarm aus und schaffen ein Gefühl von Fülle und Druck, der von vielen als sehr angenehm empfunden wird«, wie eine Hersteller-Firma erklärt. Ein Vibrator, ähnelt ebenfalls einem Penis, besteht aber normalerweise aus einem harten Plastikmaterial und ist batteriebetrieben. Sein Hauptzweck ist die Erzeugung von Vibrationen, wenn der Benutzer dies wünscht. Im ausgeschalteten Zustand kann ein Vibrator, abhängig von seiner Form, auch wie ein Dildo benutzt werden.

Diejenigen, die sich möglicherweise Gedanken machen, dass sie bei Benutzung eines Vibrators nicht mehr auf ihren Partner reagieren, können unbesorgt sein. Wenn Sie in der Lage sind, auf andere Weise (manuell, oral oder mit Wasser) zum Höhepunkt zu kommen, so ist dies einfach nur eine weitere Möglichkeit, die oft schneller und intensiver wirkt. Ihr Partner wird dadurch nicht ersetzt. Nichts wird Männer je ersetzen.

Ihnen ist sicherlich schon aufgefallen, dass Männer die Fernbedienung lieben. Seit neuestem gibt es Vibratoren, die es ihm sozusagen ermöglichen, den Fahrersitz einzunehmen, wenn er Ihren Vibrator bedient – und offensichtlich nur dann, wenn Sie es wünschen. Männer sagen, dass sie stärker das Gefühl haben, an dem Orgasmus der Partnerin teilzuhaben, so als hätten sie die Kontrolle darüber. Schließlich ist alles nur eine Sache der Betrachtungsweise!

Geheimtipp aus Lous Archiv

Aus Hygienegründen sollten sowohl Dildos als auch Vibratoren vor dem Einführen mit einem Kondom versehen werden, was auch die Reinigung erleichtert.

Die Geschichte des Dildos/Vibrators

Meine Damen, diese Spielzeuge sind uralt! Die Existenz von Dildos wurde in der Kunst des antiken Griechenlands, Roms und Ägyptens verewigt; es gibt auch Berichte von französischen Soldaten, die ihren Frauen Dildos zum Masturbieren überreichten, bevor sie in den Krieg zogen. Was Vibratoren betrifft, wurden sie der Historikerin Rachel Maines zufolge bereits in den achtziger Jahren des 19. Jahrhunderts als medizinisches Instrument verwendet, »indem sie die Wirksamkeit der medizinischen Massage verbesserten, eine Aufgabe, die seit der Zeit von Hippokrates bis hin zu Freud von Ärzten, Hebammen und ihren Helfern wahrgenommen wurde.« Die Texte von Ärzten und Hebammen aus dem 17. Jahrhundert erklärten, dass diese Art der »Behandlung im Allgemeinen in der Einführung von einem oder mehreren Fingern in die Scheide und der Ausübung von Reibung an den externen Genitalien mit der anderen Hand bestand (...) Ziel war die Herbeiführung eines hysterischen Paroxysmus, der sich in schneller Atmung und beschleunigtem Puls, Rötung der Haut, Feuchtwerden der Scheide und Kontraktionen des Bauches manifestierte.«[*]

Zu Beginn des 20. Jahrhunderts »stand Ärzten eine Vielfalt an vibrierenden Geräten zur Verfügung. Artikel und Bücher über vibrierende Massagetechniken um die Jahrhundertwende lobten die Vielseitigkeit zur Behandlung fast aller Krankheiten

---

[*] Blank, Joani. Good Vibrations: The Complete Guide to Vibrators, S. 4.

bei beiden Geschlechtern, und seine [sic] Wirksamkeit bezüglich Zeit und Arbeitsaufwand, speziell bei der gynäkologischen Massage.« Bis Ende der zwanziger Jahre wurde in Frauenzeitschriften für Vibratoren als Haushaltsgerät geworben, das an erster Stelle als Hilfsmittel für Gesundheit und Entspannung dienen sollte. Allerdings enthielten diese Anzeigen auch Zweideutigkeiten. Eine versprach beispielsweise: »Das ganze Vergnügen der Jugend wird in Ihnen pulsieren.«[*] Maines glaubt, dass Vibratoren einen schlechten Ruf erhielten, als sie für psychotherapeutische Behandlungen eingesetzt wurden und/oder in den Filmen für Herrenabende aus den zwanziger Jahren erschienen, wo der offensichtliche sexuelle Einsatz nicht übersehen werden konnte. Es besteht also die Möglichkeit, dass Ihre Großmutter sexuell fortschrittlicher eingestellt war, als Sie vielleicht denken.

Einen passenden Dildo auswählen

Im einundzwanzigsten Jahrhundert gibt es praktisch für jeden den richtigen Dildo. Einige sehen völlig lebensecht aus, da Männer (meistens Pornostars) für sie Modell gestanden haben, während andere kreativ verkleidet sind. Der Grund? In Texas beispielsweise gelten Dildos als obszön und werden im dortigen Strafgesetz als »Objekt, das hauptsächlich zum Zweck der Stimulation der menschlichen Geschlechtsorgane entworfen und vermarktet wird«, bezeichnet. Aus diesem Grund heißen sie in texanischen Sexshops »Übungsgeräte für das Aufziehen von Kondomen«. Ein Produzent, der einzigartige Formen herstellt, berichtete, dass sich die ungewöhnlichen Dildos in den stark religiös geprägten amerikanischen Staaten besonders gut verkaufen lassen, weil normale Dildos dort nicht legal sind. Da

[*] Ebenda, S. 5-6.

die Menschen jedoch zugleich etwas wollen, das sie auch wirklich benutzen können, gehen dort seine kakteenförmigen Artikel besonders gut. Wer hätte das gedacht?

Am wichtigsten ist es, einen für Sie passenden Dildo zu finden. Sie haben die Auswahl unter:

Größe:
• Die Größen reichen von sehr klein bis zur Länge eines Arms. Zugegebenerweise sind die größeren für einen speziellen »Nischenmarkt« gedacht.

Material:
• Plastik, Silikon, Metall, Gummi, Vinyl

Vibrator-
Grundmodell

Form:
• Gerade, gekrümmt, lebensecht, gefurcht, glatt, rund, verlängerbar und ein besonderes Design für die G-Punkt/Prostata-Stimulation
• Mit oder ohne »Hoden«
• Doppel-Dildo zur gleichzeitigen Penetration für beide Partner

Vibrationseigenschaften:
• Bei vibrierenden Dildos ist der vibrierende Teil normalerweise so ausgerichtet, dass die Klitoris stimuliert wird, während der Schaftbereich in die Scheide eingeführt wird. Doch der Schaftbereich kann auch einige tolle Sachen tun und sich beispielsweise an der Spitze drehen oder hinein- und herauspulsieren, während gleichzeitig die Klitoris stimuliert wird.
• Batterie- oder Netzbetrieb

Farbe:
• Jede beliebige Farbe, die Sie mögen: schwarz, braun, rosa,

hautfarben, durchsichtig, lila, weiß, einfarbig, gestreift, glitzernd – die Liste ist endlos.

Geschirr:
- Dildos können einfach in die Hand genommen oder an einem Gurt befestigt werden, der aus Leder oder Stoff besteht und um die Hüften getragen wird.
- Gurte für die Oberschenkel können von Männern und Frauen benutzt werden, wenn Ganzkörperkontakt erwünscht ist. Eine Seminarteilnehmerin berichtete von ihrem querschnittsgelähmten Mann, der sie auf diese Weise sexuell wie in ihren wildesten Träumen befriedigte. »Endlich konnte er in mich eindringen – ich hätte nicht gedacht, dass das möglich ist.« Lassen Sie sich überraschen, was man mit solchem Spielzeug alles machen kann.

So werden sie eingesetzt:
- Atmen Sie. Beim Sex ist die Atmung ganz wichtig, denn tiefes Atmen erhöht die Empfindungen.
- Verwenden Sie den Vibrator an der Klitoris. Lassen Sie sie durch Ihren Partner mit dem Vibrator stimulieren – das wird ihn ganz schön erregen. Sie können die Vibration durch ein Kleidungsstück oder die äußeren Schamlippen dämpfen. Oft empfinden Frauen die direkte klitoriale Stimulation als zu intensiv, bis sie stärker erregt sind. Bewegen Sie den Vibrator sanft an der Klitoris auf und ab.
- Führen Sie den Vibrator oder Dildo langsam in die Scheide ein. Die ersten fünf Zentimeter sind dabei am empfindsamsten.
- Anal: Ein kleiner Spezialdildo oder ein vibrierender Dildo helfen jenen Damen und Herren, die anale Spielereien lieben, zu himmlischen Gefühlen. Männer, die dies mögen, wählen normalerweise einen kleinen stabförmigen Vibrator,

der anal eingeführt werden kann, während er masturbiert oder von der Partnerin manuell stimuliert wird.

- Kombiniert. Verwenden Sie gleichzeitig einen Dildo bei sich selbst und einen bei ihrem Partner. Dies lässt sich mit einem Gurt erreichen. Abhängig vom Design, kann die Frau für sich selbst einen Dildo für die Scheide am Gurt befestigen, während ein zweiter Dildo zur Penetration des Partners zur Verfügung steht. Auf diese Weise können beide das Gefühl dieser erotischen Stimulation genießen.

Eine Perlenkette für ihn
(»Die Coiffeuse« mit Accessoire)

Das Tolle an der Verwendung einer Perlenkette ist das Überraschungselement für den Partner.

Ich empfehle eine 75 bis 90 Zentimeter lange Kette mit 8-10 Millimeter dicken, runden Perlen. Barockperlen und echte Perlen sind auf Grund ihrer unregelmäßigen Form nicht so gut für glatte Bewegungen geeignet und könnten kratzen.

Die Perlenkette muss von hoher Qualität sein, egal ob es sich um Zuchtperlen oder falsche Perlen handelt. Je hochwertiger die Perlen sind, desto schöner ist die Empfindung für ihn. Perlen von schlechterer Qualität sind unter ihrer Oberfläche nicht massiv genug, um Ihre Körperwärme aufzunehmen, und in diesem Fall ist Hitze etwas Gutes.

Sie sollten bedenken, dass zusammen mit den Perlen auch ein Gleitmittel eingesetzt wird. Wenn Sie sich also für das Familienerbstück entscheiden, lassen Sie die Perlen auf Nylon aufziehen, da die Perlen wahrscheinlich auf einer Seidenschnur aufgezogen sind. Seide absorbiert Feuchtigkeit und kann echte Perlen von innen nach außen verrotten lassen – wobei man zukünftigen Generationen den Grund wohl nicht unbedingt erklären möchte. Nylon ist eine synthetische Faser, die keine Flüssigkeit absorbiert.

Wie erklärt man möglichst unverfänglich, dass die Perlen neu aufgezogen werden sollen? Sagen Sie ganz einfach: Die Kette ist schon alt, sodass es nötig ist, oder erklären Sie, dass Sie eine aktive Frau sind, die ihre Perlenkette fast ständig trägt – auch beim Training –, und Sie hätten *gehört,* dass Nylon dauerhafter ist.

Stellen Sie sich dieses Szenario vor: Ziehen Sie sich sehr langsam zum Ausgehen an. Legen Sie Ihre Perlenkette um. Während des Dinners fahren Sie leicht mit den Fingern über die Perlen oder spielen mit ihnen. Wenn Sie nach Hause zurückkehren, entkleiden Sie sich und legen alles bis auf die Perlenkette ab.

Schritt 1. Fangen Sie ganz nach Belieben an, indem Sie sich beispielsweise küssen. Wenn Sie bereit sind, öffnen Sie die Schließe der Perlenkette und fahren mit der Kette über den Körper Ihres Partners.

Schritt 2. Tragen Sie etwas Gleitmittel auf seinen Penis auf, und schmücken Sie ihn langsam mit Ihrer Perlenkette, indem Sie sie um den Penisschaft wickeln. Halten Sie die Schließe der Kette mit einem Finger fest, damit er nicht gekratzt und abgelenkt wird. Da Sie die Perlenkette beim Abendessen getragen haben, wird sie schön warm sein.

Schritt 3. Wenn sein Penis ganz von der Perlenkette umschlungen ist, beginnen sie langsam, ihn mit der »Korbflechter«-Bewegung zu streicheln – auf und ab, mit einer Drehung.

Schritt 4. Dann wickeln Sie die Perlenkette wieder ab und ziehen sie langsam von einer Seite zur anderen unter seinen Hoden durch, wobei Sie sie leicht anheben.

3   4

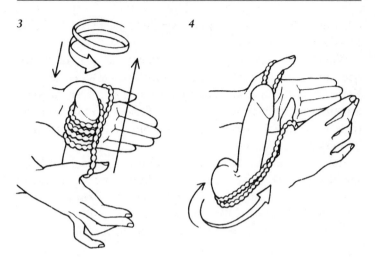

Schritt 5. Wenn Sie fertig sind, wickeln Sie die Perlen um das untere Ende des Penisschafts und bringen sich auf ihm in Position.

Zweifellos werden Perlenketten von nun an einen neuen Platz in Ihrem und in seinem Herzen einnehmen.

Geheimtipp aus Lous Archiv

Wenn Sie ein neues Spiel in Ihr Sexleben einführen wollen und Ihr Partner nicht wissen soll, wie Sie auf diese Idee gekommen sind, sagen Sie einfach, dass Sie es geträumt haben. Wer kann schließlich Ihre Träume kontrollieren?

Schaftmanschetten

Dieses Spielzeug ist wahrscheinlich das vielseitigste und nützlichste, das Sie in Ihrer Spielzeugkiste haben können. Es handelt sich um eine etwa vier Zentimeter lange röhrenförmige Manschette aus transparentem Silikon-Leichtgummi mit winzigen weichen Noppen an der Oberfläche. Man kauft dieses Spielzeug in Schachteln mit zwei oder sechs Stück, die jeweils eine andere Oberfläche haben. Die meisten Männer und Frauen sind überrascht, dass sich die Manschetten so weich anfühlen. Man kann sie auch leicht im Kosmetikbeutel oder beim Rasierzeug mitnehmen. Mit der richtigen Menge Gleitmittel auf Wasserbasis (Öl würde das Produkt zersetzen) können Sie die Manschetten folgendermaßen benutzen:

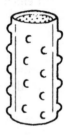

1. Die Frau beim Partner: Schieben Sie eine Manschette über einen oder zwei Finger. Man kann auch zwei Manschetten an verschiedenen Fingern verwenden. Tragen Sie etwas Gleitmittel auf, und lassen Sie Ihrer Fantasie bei irgendeiner beliebigen Handtechnik freien Lauf.

2. Den Mann bei der Partnerin: entweder manuell oder während des Geschlechtsverkehrs.
   - Manuell: Ein Segen für Männer. Statt sich allein auf die Fingerspitzen zu verlassen, um den Klitorisbereich der Partnerin zu stimulieren, bekommen Männer Hilfe in Form dieser weichen, strukturierten Manschetten. Probieren Sie es einfach einmal an Ihrer Handfläche aus, aber verwenden Sie dabei Gleitmittel, da sich sonst nicht das richtige Gefühl einstellt. Männer haben berichtet, dass sie zwei Manschetten gleichzeitig verwenden, sodass sie gleichzeitig die inneren Schamlippen und die Klitoris stimulieren können.

- Geschlechtsverkehr: Die Manschette wird bei tiefem, langsamem Sex am unteren Ende des Penis getragen. Die weichen Noppen und Rippen stimulieren dabei die Partnerin unabhängig davon, ob sie sich oben oder unten befindet.

3. Solo. Wenn Sie die Manschetten zunächst beim Masturbieren benutzen, können Sie die Empfindungen, die mit den verschiedenen Strukturen möglich sind, am besten kennen lernen.

4. An einem Vibrator. Schieben Sie eine Manschette auf einen stabförmigen Vibrator, um ihm eine andere Struktur zu verleihen.

Pflegehinweis: Waschen Sie die Manschetten hinterher einfach mit ein wenig Wasser und Seife, und sie sind bereit für den nächsten Einsatz.

Penisringe

Vielleicht kennen Sie bereits Penisringe aus Metall oder Leder. Meine Feldforscher haben berichtet, dass dieser weiche, unglaublich dehnbare Typ sehr viel bequemer beim Aufziehen und Abnehmen ist. Penisringe funktionieren nach dem Prinzip der Hydraulik: durch Stimulation fließt Blut in den Penis und lässt ihn anschwellen; die Schwerkraft und mangelnde Stimulation sorgen jedoch dafür, dass das Blut wieder abfließt. Penisringe sorgen dafür, dass die Erektion länger und stärker erhalten bleibt, indem sie die Venen an den Seiten des erigierten Penis, durch die das Blut normalerweise abfließt, zusammendrücken.

Penisringe können bei manueller Stimulation und/oder beim Geschlechtsverkehr eingesetzt werden. Einige Paare haben berichtet, dass sie den Geschlechtsverkehr mit dem Ring begonnen und ihn dann vor dem Höhepunkt entfernt haben, da der Druck zu intensiv wurde. Andere setzen den Penisring lieber während des Sex auf und lassen ihn bis zum Schluss an Ort und Stelle. Der in den Seminaren vorgestellte und von den Feldforschern verwendete Ring hat kleine Noppen, die die Partnerin ebenfalls stimulieren können. Hodensack und Penis können eine dunklere Farbe haben, wenn der Ring auf dem Penis sitzt. Das ist normal, da sich dort mehr Blut staut. Der Ring sollte nicht länger als zehn bis zwanzig Minuten getragen werden, und dann für ein paar Minuten Pause abgenommen werden. Wenn ihr Partner ein Kribbeln verspürt, nehmen Sie ihn sofort ab.

Tipps:
- Damit der Penisring effektiv wirkt, sollten der Mann oder seine Partnerin etwas Gleitmittel auf Ring und Penis auftragen. Am besten verwendet man ein Gleitmittel auf Wasserbasis, da es das Material des Rings nicht, wie Öl oder Lotionen, zersetzt.
- Am besten wird der Ring auf den voll erigierten Penis geschoben, es funktioniert aber auch bei einem halb erigierten Penis.
- Die richtige Position für den Ring ist das untere Ende des Schaftes, unterhalb des Hodensacks. Wenn er nur auf den Schaft geschoben wird, kann dies ein Problem sein, wie manche Männer berichten. »Am Schaft selbst war der Ring zu eng, und obwohl ich dachte, dass es sich an dessen Ende genauso anfühlen würde, fühlte ich mich merkwürdigerweise stärker unterstützt. Es war genau richtig«, berichtete ein Mann.
- Es ist am besten, wenn der Mann dem Ring den endgültigen Sitz über den Hoden verpasst. Oft verwenden Paare einen Penisring zuerst beim manuellen Liebesspiel, und wenn sie

wissen, was bei ihnen am besten funktioniert, verwenden sie ihn auch beim Geschlechtsverkehr.

- Die Reinigung ist einfach. Er wird nur mit Wasser und Seife gewaschen und ist bereit für den nächsten Einsatz.

Love-Ring

Dieses Spielzeug ist eine Art durchsichtige silikonartige Manschette mit zwei strukturierten Oberflächen, eine für den Träger und die andere für die Partnerin. Sie wird vom Herrn der Schöpfung getragen, um den Penisumfang zu vergrößern, und sehr zur Freude seiner Partnerin erhöhen die strukturierten Noppen ihre Empfindungen. Die Idee, die diesem Produkt zu Grunde liegt, ist eine Sitte der Stämme Südostasiens, wo am Penisschaft ein kleiner Einschnitt in die Haut gemacht wurde, in den Glöckchen, kleine Steine, Perlen usw. geschoben wurden, um das Vergnügen für die Partnerin zu erhöhen. Eine Frau aus Seattle meinte dazu: »Waren diese Leute nicht rücksichtsvoll?« Innen ist dieses Kondom mit einer weichen Textur versehen. Für den Mann nimmt die Empfindung dadurch etwas ab. Ein männlicher Benutzer meinte: »Es fühlte sich an wie ein dickes Kondom, aber ich machte mir keine Sorgen, dass ich meine Erektion verlieren würde. Der entzückte Ausdruck auf ihrem Gesicht machte alles wett.«

Analstecker und Liebesperlen

Für diejenigen, die die anale Penetration mögen, gibt es zwei Lieblingsspielzeuge. Frauen fühlen sich ausgefüllter, und wenn es zum Geschlechtsakt kommt, verstärkt sich dieses Gefühl noch. Bei Männern ist der primäre Stimulationspunkt die Prostata. Beide Spielsachen müssen mit viel Gleitmittel versehen werden, da der After nicht von sich aus feucht wird.

Analstecker

Liebes-
perlen

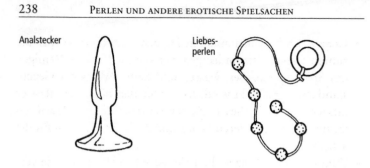

Analstecker sind im Prinzip Dildos für den After, mit einer Verstärkung am unteren Ende, damit sie nicht ganz in den Mastdarm eindringen können. Sie haben normalerweise eine umgekehrte Kegelform, sodass sie nach dem Einführen vom Schließmuskel an Ort und Stelle gehalten werden.

Liebesperlen sind Kugeln aus Plastik oder Metall, die auf eine Schnur aufgezogen sind. Sie werden alle bis auf eine in den After eingeführt und im Augenblick des Orgasmus vorsichtig herausgezogen, wenn sich die Beckenbodenmuskulatur in bestimmten Abständen zusammenzieht.

Pflege und Reinigung des Spielzeugs

Zusammen mit Ihrem Spielzeug aus Plastik, Latex oder Gummi sollten Sie immer ein Gleitmittel auf Wasserbasis verwenden, da das Material von Öl zersetzt wird, sodass die Oberfläche klebrig wird. Wenn irgendwo auf dem Etikett des Gleitmittels Öl erwähnt wird, handelt es sich um ein Produkt auf Ölbasis.

- Was Ihnen gehört, sollte nicht mit anderen geteilt werden. Punktum. Andere können sich ihr eigenes Spielzeug mitbringen oder kaufen. In diesem speziellen Fall gilt die Regel, dass gute Freunde alles teilen, nicht.

- Genau wie bei allen anderen Dingen, die Ihren Körper berühren oder in ihn eindringen, verwenden Sie zum Reinigen des Spielzeugs heißes Wasser und Seife. Wenn ein Gegenstand anal eingesetzt wird, sollten Sie darauf achten, dass er tatsächlich nur zu diesem Zweck verwendet wird. Bewahren Sie ihn in einem anderen Beutel auf als die Spielsachen für die Scheide.
- Zum eigenen Schutz sollten Sie jedes Spielzeug, das Sie verwenden, mit einem Kondom versehen. Das verhindert, dass unsichtbare Bakterien eingeführt werden, und erleichtert die Reinigung.

Für ganz Verspielte

Liebes-Schaukel

Das wahrscheinlich innovativste Spielzeug, das ich je gesehen haben, ist die Liebes-Schaukel. Sie ermöglicht schwerelosen Sex. Es handelt sich dabei um ein ergonomisch geformtes, patentiertes Geschirr, mit dessen Hilfe der eine Partner unzählige Sexpositionen einnehmen kann, während der andere Partner sitzt oder steht und die Reichweite und die Intensität der Bewegung kontrolliert. Das Bungee-Geschirr ist super für oralen Sex. Sie können dabei Ihren Partner mühelos mit dem kleinen Finger auf- und abbewegen. Zur Befestigung dieser Vorrichtung muss man einen Haken in der Decke anbringen.

Wo bekomme ich die Spielsachen?

Es gibt eine Reihe Versandunternehmen, bebilderte Kataloge und spezielle Geschäfte, die Sexspielzeug verkaufen.

In vielen Zeitschriften finden Sie Werbeanzeigen solcher Anbieter. Erotisches Spielzeug ist vielleicht nicht für jeden das Richtige, aber es kann viel Spaß machen und das Sexleben mit Ihrem Partner bereichern.

Ein Wort zum Schluss

Die perfekte Liebhaberin ist mein Geschenk an Sie. Auch wenn es sich übertrieben anhört, muss ich Ihnen sagen, dass Seminarteilnehmerinnen (und ihre Männer) gesagt haben, dass diese Techniken ihr Leben verändert haben. Ich hoffe, dass auch Ihnen meine lange und schwierige Suche nach offenen, praktischen Informationen helfen wird, nicht nur zu einer erfahrenen Geliebten, sondern zur Meisterin zu werden.

Sie sollten jedoch daran denken, dass die Informationen in diesem Buch Ihnen ganz allein gehören – bis Sie bereit sind, Sie mit anderen zu teilen. Sie sind persönlich, vertraulich und etwas ganz Besonderes. Keine Frau sollte sich gezwungen fühlen, diese Anleitungen umzusetzen, bis sie dazu bereit ist. Dieses Buch geht davon aus, dass Sie, mit umfangreichen Informationen ausgerüstet, zu einer selbstbewussteren Geliebten werden. Doch es bleibt ganz Ihnen überlassen, wann Sie dieses Wissen einsetzen wollen.

Wenn Sie beispielsweise eine neue Beziehung begonnen haben, möchten Sie vielleicht erst einmal abwarten, wie sich andere Aspekte der Beziehung entwickeln, bevor Sie eine Technik ausprobieren. Vertrauen Sie auf Ihren Instinkt. Diejenigen unter Ihnen, die verheiratet sind oder in einer langjährigen Beziehung leben, können dem Partner wahrscheinlich leichter erklären, wie Sie plötzlich zu einer sexuellen Meisterin geworden sind. In einer neuen Beziehung könnten Sie sich jedoch eher gehemmt fühlen, einige dieser Techniken einzuführen, und er könnte sich sogar fragen, wie Sie wohl zu einer so tollen Liebhaberin geworden sind, und vielleicht falsche Schlüsse ziehen. Zeigen Sie ihm einfach dieses Buch. In meinen Seminaren habe ich immer wieder originelle Geschichten von Frauen darüber gehört, wie sie ihrem Partner ihre neuen Talente erklärt haben. Glauben Sie mir – er mag überrascht sein, aber er wird Ihnen auch ewig dankbar sein.

Aber vor allen Dingen sollen diese Techniken Ihre sexuelle Beziehung verbessern und Ihnen beiden zu einem reicheren, erfüllteren Sexleben verhelfen. Genießen Sie es! Und viel Glück!

Anhang

Lob für Lou Pagets tolle Techniken

Was die Teilnehmerinnen sagen …

»Als ich diese Techniken zum ersten Mal ausprobierte, dachte ich bei der Reaktion meines Freundes: ›Er macht mir bestimmt was vor; so gut kann es gar nicht sein‹, aber er genoss es wirklich! Vielen Dank für die Tipps und all die anderen Dinge, die wir noch ausprobieren müssen.«

Brokerin, 28, Glendale, Kalifornien

»Ich habe eine Woche gewartet, bis ich das Erlernte angewendet habe. Als ich zu meinem Freund sagte: ›Ich glaube, du bist bereit‹, meinte ich damit eigentlich, dass ich bereit war, nicht er. Diese Woche der Warterei war wie eine Woche lang Vorspiel … und wir hatten wahnsinnig viel Spaß. Jetzt erzählt er allen, dass ich die Frau mit dem meisten Sex-Appeal bin, die er kennt. Und wir können jetzt über Dinge reden und Dinge aussprechen, wie es uns vorher nicht möglich war.«

Steuerinspektorin, 37, Seattle, Washington

»Als ich es am nächsten Abend an meinem Freund ausprobierte, meinte er, dass es ihm fast Angst einjage, wie gut ich sei. Er sagte, dass ich den richtigen Stellen die nötige Aufmerksamkeit geschenkt hätte, aber dass es vor allem durch meine Begeisterung und Hingabe so gut war.«

Redakteurin, 22, Los Angeles, Kalifornien

Was ihre Partner sagen ...

»Sie ist unvergleichlich gut, da kann niemand mithalten. Verwöhnt würde ich in diesem Zusammenhang nicht sagen – verführt kommt der Sache schon näher.«

Romanautor, 29, Boston, Massachusetts

»Ich habe schon mit vielen Frauen geschlafen und dachte, dass man mir nichts mehr zeigen kann. Aber an das, was sie mit ihren Händen tut, kommt absolut niemand ran. Meine Freundin macht es mir besser als ich selbst.«

Filmproduzent, 48, Los Angeles, Kalifornien

»Das war die beste vierstündige Investition, die meine Frau für unsere Beziehung je gemacht hat.«

Finanzanalyst, 35, New York City

»Zuerst hielt ich es für total verrückt, dass sie zu diesem Seminar gehen wollte – hinterher habe ich Gott dafür gedankt.«

Studioleiter, 28, Los Angeles, Kalifornien

»Ich kann Ihnen gar nicht genug dafür danken, was Sie meiner Verlobten gegeben haben. Wir hatten schon vorher eine sehr offene Einstellung zu Sex, aber jetzt sind wir auf einer ganz anderen Ebene. Und wir waren überrascht, wie wenig wir bisher eigentlich gewusst haben.«

Drucker, 44, Indianapolis, Indiana

Für Bryan Thalheimer

Danke, dass du die Magie deiner Einstellung und dein Wissen mit mir geteilt hast. Ohne sie wäre dieses Buch nicht möglich gewesen.

Für alle Teilnehmerinnen meiner Seminare

Dieses Buch ist Ihnen allen für ihre Beiträge gewidmet. Wenn man von Herzen gibt, gibt man das Beste. Ich kann Ihnen gar nicht genug danken.

Dieses Buch wurde geschrieben, um zu informieren, zu lehren und das Bewusstsein zu erweitern. Sie müssen jedoch selbst entscheiden, ob die in diesem Buch beschriebenen Techniken für Sie geeignet sind, denn nur Sie kennen Ihren Körper und den Ihres Partners gut genug dafür. Dieses Buch ist in keiner Weise ein Ersatz für eine Ehe- oder Partnerschaftsberatung.

Keiner der Verfasser oder Herausgeber dieses Buches ist Arzt, Psychologe oder Sexualtherapeut, obwohl Mitglieder dieser Berufszweige zu bestimmten Fragen und Themen konsultiert wurden. Lassen Sie sich vorher von Ihrem Arzt beraten, wenn Sie unter einer Krankheit leiden, die anstrengende oder aufregende sexuelle Aktivitäten ausschließt. Sie sollten Ihren Arzt oder einen Sexualtherapeuten ebenfalls fragen, bevor Sie eine Ihnen unbekannte Sexualtechnik ausprobieren, andernfalls tun Sie dies auf eigenes Risiko.

Danksagung

Einen Freund, der bereits viele Bücher veröffentlicht hat, habe ich Folgendes gefragt: »Was ist das Beste beim Schreiben eines Buchs?« Er antwortete: »Die Danksagung und die Widmung.« Und er hatte Recht!

Das unterstützende Team

Für Dede, Lisa und Michelle, ohne die ich nicht durchgehalten hätte.

Für Sherry, Katerena, Carolynn, Tammy und Buffy – den anderen Damen in meiner Familie für ihre endlose, unkomplizierte und wunderbare Unterstützung.

Jessica Kalkin, Matthew Davidge, Ariel Sotolongo, mein »HCB«, Maura McAniff, Rebecca Clemons, Priscilla Wallace, Sandra Beck, Gail Harrington, Raymond Davi, Jay Rosen, Alan Cochran, Michael Levin, Peter Greenberg, Kendra King, Joyce Lyons, Nance Mitchell, Stacy Rozsa, Peter Redgrove, Elizabeth Hall, Morley Winnick, Marianne Huning, Bob Linn, T.J. Rozsa, Greg Pryor, Marsha und Wayne Williams, Mark Helm und alle Mitarbeiter des Women's Referral Service (WRS).

Das kreative Team

Joan S., die mich auf die Idee gebracht und darauf bestanden hat, dass ich dieses Buch schreibe.

Catherine McEvily Harris und Billie Fitzpatrick, die meine Stimme meisterlich in geschriebene Worte umgewandelt haben.

Debra Goldstein: eine Agentin wie sie ist der Traum jedes Autors.

Lauren Marino: DIE Redakteurin. Die Ruhe des Buddhas mitten im Sturm. Ihr Lachen ist einfach köstlich.

Ann Campbell, Assistentin, und Nancy Peske, Copy-Redakteurin.

Alle Mitarbeiter von Broadway Books und Creative Culture.

Das Team für Forschung & Entwicklung

Penelope Hitchcock, Jacqueline Snow, Dr. Eric Daar, Dr. Bernie Zilbergeld, Bryce Britton, Dr. Ron McAllister, Nancy Breuer, Lynne Gabriel, Dr. Uri Peles, Dennis Paradise, Norm Zafman, Shannon Foley.

Register

Abenteuerlust 175ff.
Abwechslung 39, 171
After 163, 176f., 179f. 185f.,
    193, 205, 237f.
Ägypten 227
AIDS 14, 24, 70, 80, 82ff., 111
Alkohol 101, 173
Analingus 185ff.
Analperlen 179
Analstecker 237f.
Antibiotika 101
Atem 55f.
»Aufmerksamkeit an der
    Wurzel« 126f.
»Aufwärtsbewegung« 125f.
»Augenmenschen« 104, 106,
    152, 200

Bakterieninfektion 76f.
Bartholin'sche Drüsen 197
Beckenbodenmuskulatur 215ff.,
    238
Beleuchtung 46ff.
»Bildhauerin« 131f.
Blasenentzündung 71, 88, 108

Chi-Muskeln 217
Chlamydien 72, 75ff.

»Coiffeuse« 132f., 231
Comforts, Alex 19

Damm 163, 172, 180f.
»Das große W« 167
»Der Herzschlag Amerikas«
    121f.
»Der Vogelkäfig« 148f.
»Die drei Juwelen« 178
»Die Ringe« 147
Dildo 10, 115f., 155, 219,
    226ff., 238
»Direkte Kombinationen« 140
Düfte 47f.

Enttäuschung 30, 52
Ernährung 101, 158
Eskimo-Kuss 65

Femtone 218
»Feuer machen« 139f.
Freud, Sigmund 227

Genitalwarzen 80f.
Geschlechtsverkehr 73f., 76, 78,
    88, 101f., 110, 113, 149f.,
    151, 189ff., 234f.
Gleitmittel 88f., 94, 96, 99ff.,

112f., 132, 149, 178, 190, 198, 219, 231
Gonorrhö 76f.
G-Punkt 180f., 186, 194ff., 203, 206, 210
G-Punkt-Massage 181ff.
Grafenberg, Ernst 195
Griechenland 227

Haar 132
Handdrehung 162
Hände 104ff., 113ff., 138, 161
Handkuss 65
»Handleserin« 106
Haut 64, 67, 71, 105, 115, 132
Hefeinfektion 77f.
Hepatitis 185
Hepatitis B 81f.
Herpes 78ff.
»Himmelreich« 168
Hippokrates 227
HIV 24, 70, 73f., 80, 82ff.
Hoden 162ff., 166ff., 172, 180f., 186, 203, 205, 224
Hollander, Xaviera 19
HPV 80f.

Immunschwächesyndrom, erworbenes s. AIDS
Immunschwächevirus, humanes s. HIV
Immunsystem 83, 85f.
Indien 15ff., 223
Intensität 36, 38, 52, 119, 195
Intimität 11, 20, 27, 30f., 33, 44, 69, 72, 152, 174, 199
Intimtrainer 218
»Italienische Methode« 90ff.

Kamasutra 15ff., 223
Kegel-Übungen 165, 216
Kegel-Übungsgerät 217
Kerzen 47f.
»Kirche und Kirchturm« 141ff.
»Klatschen mit einer Hand« 144f.
Klitoris 149, 182, 192ff., 197, 202, 208, 229f., 234
Knutschflecke 66
Kommunikation 33f., 53
Kondom 12, 71, 74, 83, 86ff., 91f., 96, 178, 227f., 237, 239
»Korbflechterei« 119ff.
Körpergeruch 39, 44f., 56
Körpersprache 40
Krankheiten, sexuell
– übertragbare 14, 70, 72ff., 111, 219
Kreativität 36, 45
Kuss, besitzanzeigender 65
Kuss, tanzender 65
Küsse, Stellen für 63
Küssen 51ff., 83, 99, 110, 113, 166, 190

Latex 87ff., 92, 96, 102, 178, 238
»Leichter Zug« 123ff.
Leistungsdruck 31
Liebesperlen 237f.
Liebes-Schaukel 239
Lippen 57ff.
Lippenkuss 66
Lippenstift 58f.
Love-Ring 237

»Madonna« 107, 205
Maines, Rachel 227
Massage 186, 191, 227f.
Masturbation 123, 149f., 227, 231, 235
Mundhygiene 83
Mundtrockenheit 112, 173
Murmelförmige Eier 217
Muttermundkrebs 80f.

Naturmaterialien 92
Nonoxynol-9 87f., 102, 219
Nylon 231f.

»Obst im Korb« 135f.
»Ode an Bryan« 116, 149, 175, 181
»Ohrenmenschen« 106
Öl 102f., 108, 234, 236
Öle, ätherische 47
Orgasmus 14, 46, 111, 149f., 153, 156, 158, 162, 168, 178f., 181, 195f., 202, 205, 1210, 215, 226, 238
– vaginaler 197, 213
– weiblicher 191ff.

Papillomavirus, humanes s. HPV
Parfürmerie 105
Penisringe 235f.
»Penis-Samba« 119
Perlen 231f., 237
Perlenkette 133, 205, 231f.
»Pirouette« 137f., 162
Pornofilme 20f.
Prostata 180f.
Prostatamassage 180

Rauchen 158
»Regentropfen« 143
Reize, optische 46
Respekt 17, 20, 70, 97, 113
»Ring« 157, 159ff.
Rom 227
Romantik 29, 32ff., 47, 53, 62, 67, 110, 212
»Rosenblätter« 185f.

Safer Sex 24, 69ff., 87, 91, 198
Sauberkeit 43ff., 114, 177, 185
Saugen 164f., 173
Schaftmanschetten 234f.
Schamhaar 141, 164, 198
Scheidenentzündung 71, 78, 88, 108
Scheidenflora 156
Scheidentrockenheit 99
Schlucken 155ff.
Schmetterlingskuss 65
Schmuck 115
Schüchternheit 35
Schuldgefühle 30, 32, 193
Schwangerschaft 70, 72, 74, 87f., 92
Seelenkuss 65
Seidentuch 132f., 224f.
Selbstbewusstsein 14, 23, 25, 91, 104, 202
Sex, analer 73f., 78, 80f., 176
Sex, oraler 73f., 76, 78, 80f., 150ff., 195, 197, 239
Sexualerziehung 12, 14, 16
Sexshop 225
Sexspielzeug 103, 107, 179, 221ff.
Sicherheit 69ff., 198

»Siegel« 157, 159ff.
Silikon 103, 229, 234, 237
Sinnlichkeit 33, 41f., 45, 48, 53,
  62
Spannung 39
Sperma 114, 155ff., 219
Spermizide 87, 96, 102
Spontaneität 33
Stellungen 199ff.
Stimulation 192ff., 196f., 231,
  235
Stimulation, anale 178
– klitoriale 195
– manuelle 109ff., 154, 190
Syphilis 74, 77f.

»Teebeutel« 167
Trichomonaden 78
Tripper 76f.

»überkreuzte Hände« 128ff.
Unerfahrenheit 31

Vatsyayana 15, 17
Vibrator 179, 182, 184, 195,
  223, 226fff., 235
Voeller, Bruce 88
Vorhautbändchen 168f.
Vorspiel 40, 62, 74, 109ff., 149,
  192

Wasserbasis 102, 107f., 234,
  236, 238
Wimpernkuss 65
»Wirbel« 63f., 132
»Wirbelsäulenmassage« 145f.
Würgen 153, 155, 159

Zähne 55ff., 161f., 168
Zunge 165, 167ff., 172,
  184f.
Zungenkuss 64f.
Zungenmagie 166
»Zusammengehörigkeit«
  133f.

JOHN GRAY

16107

»Männer sind vom Mars. Frauen von der Venus.« – der erfahrene Paartherapeut liefert eine brillante Zustandsbeschreibung des Beziehungsdschungels und gesteht Männern und Frauen ihre Andersartigkeit zu. Anschauliche Fallbeispiele und erprobte Lösungsmodelle zeigen, wie sich aggressiver Geschlechterkampf zu einer kreativen Partnerschaft wandeln kann.

Der Kontakt zum anderen Geschlecht ist gespickt mit Mißverständnissen, Fehlwahrnehmungen und falschen Schlußfolgerungen. Was machen Männer und Frauen jeweils anders, und wie können sie aufeinander zugehen? Bestsellerautor John Gray ermutigt zu neuen Formen einer offenen und verständnisvollen Kommunikation, die die Verschiedenheiten der männlichen und weiblichen Perspektive berücksichtigen.

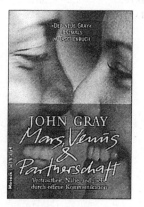

16134

Mosaik bei GOLDMANN

PSYCHOLOGIE/
SEXUALITÄT/LEBENSHILFE

16108

11297

13847

KÖRPERSPRACHE –
UNSER ELEMENTARSTES
KOMMUNIKATIONSMITTEL

Samy Molcho ist einer der berühmtesten Pantomimen
und Spezialist für Körpersprache.

Anschaulich vermittelt er die Grundlagen der
Körpersprache, damit wir lernen können, sie bei
anderen zu entziffern und selbst wirkungsvoll
einzusetzten – im Beruf wie im Privatleben.

Alle lieferbaren Titel:

- Körpersprache (12667)

- Partnerschaft und Körpersprache (12718)

- Körpersprache im Beruf (12733)

- Körpersprache der Kinder (12731)

Sämtliche Bände enthalten
zahlreiche Fotos.

GOLDMANN

SAMY
MOLCHO

GOLDMANN

*Das Gesamtverzeichnis aller lieferbaren Titel erhalten Sie
im Buchhandel oder direkt beim Verlag.
Nähere Informationen über unser Programm erhalten Sie auch im Internet unter:*
www.goldmann-verlag.de

★

Taschenbuch-Bestseller zu Taschenbuchpreisen
– Monat für Monat interessante und fesselnde Titel –

★

Literatur deutschsprachiger und internationaler Autoren

★

Unterhaltung, Kriminalromane, Thriller
und Historische Romane

★

Aktuelle Sachbücher, Ratgeber, Handbücher und
Nachschlagewerke

★

Bücher zu Politik, Gesellschaft, Naturwissenschaft und Umwelt

★

Das Neueste aus den Bereichen
Esoterik, Persönliches Wachstum und Ganzheitliches Heilen

★

Klassiker mit Anmerkungen, Anthologien und Lesebücher

★

Kalender und Popbiographien

★

Die ganze Welt des Taschenbuchs

★

Goldmann Verlag • Neumarkter Str. 18 • 81673 München

Bitte senden Sie mir das neue kostenlose Gesamtverzeichnis

Name: _____

Straße: _____

PLZ / Ort: _____